旅游篇

《幸福拉萨文库》编委会 编著

拉萨特色文化之旅

拉萨之光，胜景一方
芸芸众生，齐聚一堂

西藏人民出版社

图书在版编目（CIP）数据

拉萨特色文化之旅 /《幸福拉萨文库》编委会编著.
－－拉萨：西藏人民出版社，2021.12
（幸福拉萨文库．旅游篇）
ISBN 978-7-223-07040-9

Ⅰ．①拉… Ⅱ．①幸… Ⅲ．①藏族－民族文化－拉萨
Ⅳ．① K281.4

中国版本图书馆 CIP 数据核字（2021）第 266780 号

拉萨特色文化之旅

编　　著	《幸福拉萨文库》编委会
责任编辑	仁青才让
策　　划	计美旺扎
封面设计	颜　森
出版发行	西藏人民出版社（拉萨市林廓北路 20 号）
印　　刷	三河市嘉科万达彩色印刷有限公司
开　　本	710×1040　　1/16
印　　张	11.5
字　　数	182 千
版　　次	2022 年 5 月第 1 版
印　　次	2022 年 5 月第 1 次印刷
印　　数	01-10,000
书　　号	ISBN 978-7-223-07040-9
定　　价	49.00 元

版权所有　翻印必究

（如有印装质量问题，请与出版社发行部联系调换）

发行部联系电话（传真）：0891-6826115

《幸福拉萨文库》编委会

主　　　任	齐 扎 拉	西藏自治区党委副书记、自治区政府主席
	白玛旺堆	西藏自治区党委常委、拉萨市委书记
常务副主任	张 延 清	西藏自治区政府副主席、日喀则市委书记
	果　　果	拉萨市委副书记、市长、城关区委书记
	车 明 怀	西藏社科院原党委书记、副院长
副　主　任	马 新 明	拉萨市委原副书记
	达　　娃	拉萨市委原副书记、市人大常委会主任
	肖 志 刚	拉萨市委副书记
	庄 红 翔	拉萨市委副书记、组织部部长
	袁 训 旺	拉萨市政协主席、经开区党工委书记
	占　　堆	拉萨市委常委、常务副市长
	吴 亚 松	拉萨市委常委、宣传部部长
主　　　编	《幸福拉萨文库》编委会	
执行主编	占　　堆	拉萨市委常委、常务副市长
	吴 亚 松	拉萨市委常委、宣传部部长
副　主　编	范 跃 平	拉萨市委宣传部常务副部长
	龚 大 成	拉萨市委宣传部副部长
	李 文 华	拉萨市委宣传部副部长
	许 佃 兵	拉萨市委宣传部副部长
	拉　　珍	拉萨市委宣传部副部长
	赵 有 鹏	拉萨市委宣传部副部长

委　　　员　张 春 阳　拉萨市委常务副秘书长
　　　　　　张 志 文　拉萨市人大常委会副秘书长
　　　　　　杨 年 华　拉萨市政府副秘书长
　　　　　　张　　勤　拉萨市政协副主席
　　　　　　何 宗 英　西藏社科院原副院长
　　　　　　格桑益西　西藏社科院原研究员
　　　　　　蓝 国 华　西藏社科院科研处处长
　　　　　　陈　　朴　西藏社科院副研究员
　　　　　　王 文 令　西藏社科院助理研究员
　　　　　　阴 海 燕　西藏社科院助理研究员
　　　　　　杨　　丽　拉萨市委宣传部理论科科长
　　　　　　其美江才　拉萨市委宣传部宣教科科长
　　　　　　刘 艳 苹　拉萨市委宣传部理论科主任科员

前言
QIANYAN

高原之光,胜景一方

　　融化的冰川沿着唐古拉山脉飞湍而下,奔流不息的滔滔河水中裹挟着古老的传说。一种生机勃勃的力量在这里崛起,信仰与文明在这里汇聚。这里的民族,拥有着顽强不屈的品性,勤劳的双手是人们创造一切的秘密。

　　这里,是拉萨。当你决定迈开脚步的那一刻起,它就已经向你敞开了怀抱。在它那温柔的怀抱中,你可以探寻到与别处完全不同的风俗文化。

　　1300多年前,一位赞普在这里结束了战乱与苦痛,他将一方高原庇护身旁,让拉萨成为一方福地。那一年,一位大唐的公主远道而来,身携厚礼为西藏带来了繁荣与安定。一场相守由此开启。这份相守使中华民族的血脉紧紧缠绕在一起,在拉萨留下了无数永恒的记号。这些记号,是文明的延续,也是文化的交融。

　　行走在拉萨的街道上,你会发现,印刻在这座高原圣城中的文化记号,从来都带有温度。如果远离了这片土地,这里的文化也会随之变得僵直生硬。

　　你很难再找到这样一方远离世俗纷扰的人间净土,有着如此质朴充实,闪耀着历史光辉和时代风采的特色地域文化。拉萨作为国务院首批公布的全国24座历史文化名城之一,它的文化的独特性就像是高原上娇艳的格桑

花，纵使形态不一，却有着永恒的生命与魅力。

  道路可以用身体丈量，建筑可以用手指触碰，美食可以用舌尖品尝，歌曲可以用耳朵聆听，而一个城市上千年的文化，却需要你调动周身所有的感官，去体验，去探究，去感受，去激起哪怕一丝一毫的心灵脉动。

  拉萨，正是这样一座可以将你的文化感官全然唤醒的古老城市。虽然它地处我国西部高原地区，就城市发达程度而言，远远无法与北京、上海等一线城市相比，但是它独特的文化因子，却从来不曾因为地域的偏远而被固狭于一隅。

  在这高原之上，氧气可以被稀释，但是拉萨所享有的盛誉却无法被掩藏。

  这里有着全世界海拔最高的宫殿——布达拉宫；有着藏传佛教中最重要的三大寺；有西藏人造园林中规模最大的"宝贝园林"——罗布林卡；这里还有藏纸、藏香、唐卡、藏戏等国家级非物质文化遗产，一代代的匠人为着那份心中的执着，前仆后继，至今仍旧行进在守护传统文化的道路上……

  每一位初来拉萨的游人，一定会先被这座城市美丽的景色折服，但请你等一等再发出那一声赞叹。

  闻到了吗？空气中的悠悠香气，那是藏香中的精灵想要与你相识。

  听见了吗？一声声吟唱中的道歌，那是远古传说想要对你诉说。

  看到了吗？一座座刻着汉藏双语的古老石碑，那是两个民族的英烈精魂用生命共同书写出的不朽史诗。

  现在，你一定发现了，拉萨的文化像是一个多棱镜，在目之所及的范围内折射出了数不胜数的光芒。即使是路边一棵普通的柳树，也以其枝条向上的倔强姿态，向人们诉说着只有在这片热土上才能被创造出的生命奇迹。

  这，是城市的维度，也是文化的镜像，更是哺育了一个民族的精神食粮。

  一寸寸土壤，一座座山峦，都蔓延着生机的力量。一份雪域高原的馈赠，提升了属于藏族的特色文化的体温，这是天赐瑰宝。

　　当一幅巨大的唐卡在雪顿节中显露真颜，那份来自神佛的庇佑会让你忘却尘烟，这不仅是属于拉萨的文化印记，更是属于整个世界的文化遗产。

　　一朵朵精妙绝伦的酥油花灯亮起，难道还会有比这更美的瞬间吗？这是中国的西藏，这是西藏的拉萨，一场历史的冲击与文化的洗礼，正在等待着与你相遇。

　　拉萨之光，盛景一方。在这里，芸芸众生齐聚一堂，辉煌与光芒，如同天上的繁星，闪耀着你的心之所向，静候你的前往。

目录
MU LU

第一篇　典籍与文物——心灵的至上归宿

第一章　文化的传承，唤醒千年的记忆
藏文《大藏经》，信与念的出发地｜002
藏族史诗里，触摸英雄面容｜006
玄妙的道歌，加持了内心｜009
在高原之巅，重读经典｜012

第二章　在世界的尽头，遇见三大寺
六百年光阴，用辩经铭记｜016
初识甘丹寺，大美于行｜019
回到哲蚌寺，遇见另一个自己｜022

第三章　七色的壁画，是历史描绘的轮廓
唯有这位公主，让人潸然泪下｜026
翻山越岭，邂逅"阿巴钦波"｜029
晴空下，去罗布林卡看壁画｜031
歇脚乃琼寺，人说壁画世无双｜034

第四章　除了等身像，更有前世的牵挂
12岁的他，闪闪发光1300年｜038
从吐蕃时代开始，心便有所安｜040
神幻之影，每一次看都是热爱｜042
你们好啊，法王洞里的各位｜045

第五章　石碑上誓言无伤，勾住过往
　　唐蕃会盟碑，刻着团结的真谛 | 047
　　尘与土，阻挡不了平乱的决心 | 050
　　深情厚意，用在最珍贵的生命上 | 053

第二篇　知识与技术——我愿沉醉在这长廊

第一章　天地流转中，印刻四时之记
　　这块石头，闪耀了 300 年 | 058
　　这个小本，维系着日常生活 | 060
　　《春牛图》，独特的藏历密码 | 064

第二章　生命的菩提，值得一生守候
　　在药王故里，升起白色的月亮 | 067
　　忘记时间，却记住了这座山 | 070
　　这粒小药丸，让人心有所依 | 072
　　最美晴天，情陷"药师坛城" | 075

第三章　在藏文的故乡，且行且珍惜
　　拉萨之旅，与之相逢是福报 | 078
　　没有鱼的河水，虔诚以待 | 080
　　一次偶然，让传奇重见天日 | 082

第四章　寻找手艺，寻找纯粹的执着
　　　　去吞达，把拉萨味道带回家 | 084
　　　　火与土的新生，美得无处藏 | 087
　　　　画画如画心，是一场修行 | 089
　　　　有一种千年不腐，叫藏纸 | 092

第三篇　制度与风俗——发现信仰的力量

第一章　独一无二的治理，从未停止
　　　　这位驸马都尉，你好吗 | 096
　　　　金瓶方寸间，是安边的智慧 | 098
　　　　风云，从驻藏大臣衙门吹过 | 101

第二章　时光那么慢，只为拉萨好味道
　　　　你与拉萨，差一杯酥油茶 | 104
　　　　敬天地，敬祖先，敬自己 | 106
　　　　风吹的时节，不忘风干的牛肉 | 109

第三章　4000米的高原，遇见最深的缘
　　　　满身的装饰，是婚嫁的风情 | 112
　　　　一条哈达，牵起段段姻缘 | 113
　　　　美美的高原红，是家中脊梁 | 115

第四章　节庆的序章，是沁人心脾的薄荷味
　　　　这里是林卡节，这里风和日丽 | 118
　　　　相约纳木湖畔，开启虫草节之旅 | 119
　　　　在酥油花灯节，赏七彩酥油花 | 123

第四篇　体育与歌舞——典型的人间日常

第一章　粗犷壮美的体魄，是西藏底色
　　马背上的竞技，持续了300年 | 128
　　藏式斯诺克台球，用手指打 | 132
　　该出发了，别错过"大象拔河" | 134

第二章　神性的欢舞，跃动了整个山巅
　　一步一法舞，视之为信仰 | 137
　　一个永恒福地，一场驱邪之舞 | 139
　　说唱跳，舞出了古韵风情 | 142

第三章　酒里有故事，舞蹈里有你我
　　初见纳如村，寻找谐钦之美 | 145
　　孤独的牛皮船，与江河共舞 | 147
　　慢游协荣，非同一般的原生态 | 149

第四章　走进藏戏，就要结伴去欢愉
　　冰雪消融后，赴一场觉木隆之约 | 153
　　宗角禄康走一遍，收获演出季 | 155
　　温暖的日子，罗布林卡看藏戏 | 158

后记　高原璀璨的文化如星辰闪耀 | 161
主要参考文献 | 164

第一篇
DI YI PIAN

壹

典籍与文物——心灵的至上归宿

在拉萨的清晨启程，嗅读卷卷经文与传说，在信念的延续中，品味一阵道歌的飘逸。

轻薄的气息，吹散历史的尘埃，千年的壁画正焕发着荣光。漫漫岁月征途上的人们，是远道而来的公主，是心诚志坚的"大慈法王"，更是民族血脉与佛陀的金光。

让色拉寺的辩经声斩却三千烦恼，登高，迎着余晖观望藏传佛教格鲁派的根基，感悟心中的悸动。千万别急着睡去，大梦一场前，或许还有格萨尔颠倒乾坤的传奇，拉萨的一切，都在静候着你走入这心灵深处的一次旅程。

第一章
文化的传承，唤醒千年的记忆

历史璀璨的印记滚滚而来，缥缈在风中的阵阵歌谣，正裹挟着歌咏传唱不息，这是璀璨的经文和传奇在呼唤你的文化记忆。

● 藏文《大藏经》，信与念的出发地 ●

挥手翻卷华夏长图，西北千山之巅，珠穆朗玛静静端望着青藏高原。岁月轮转，沧海桑田，云海之下的众生，就生长于斯。无数在红尘中翻滚的灵魂于这里着落，无数痴迷枉然的执念在这里放下。它赤诚质朴、深邃无言，如九天清流一般，洗涤着世间的嗔痴妄念。

如果你了解西藏，认识拉萨，自然忘不掉那些巧夺天工的建筑，挥不去那份成群结队的虔诚，更抚不平心上的阵阵悸动。这一切的一切，都是千年岁月文化传承凝结的精魄。

佛陀曾说："于后五百世，我住文字形，应作世尊悲，于彼生恭敬。"任何一种文化的传承都是身在其中却浑然不觉，不知道那些如生命般印刻进骨血的究竟是什么，但它们却理所当然地成了你的筋脉骨骼，与血肉相连，牵一发而动全身。

《大藏经》之于藏族人民，就是这样一个内在的灵魂。传承千年佛陀真言的藏文《大藏经》，是生命的大智慧，是人生至理。这刻在骨髓中的记忆，让藏族人民紧握着这团文明圣火，代代相传，生生不息。

公元8世纪的赤松德赞，就在岁月轮转中被命运选中，成了守卫圣火的英雄。这位虔诚的信徒，不仅用一生所为贯彻了自己的信仰，还捧着佛教的传承之火，为这份基石培植了新土。

彼时年幼的赤松德赞刚刚继位，就面临着舅舅、苯教贵族仲巴结企图动摇其统治而发起的"灭佛运动"。佛法圣地大昭寺和小昭寺变成了作坊和屠宰场，外地僧侣被驱逐，严禁民众信教。

一时间，无数文化瑰宝毁于一旦，佛教文化一度遭遇灭顶之灾。而这一切，都被年幼的赤松德赞牢牢记在心中，十几年后的他羽翼丰满，亲手终结了这场灾难。而后，赤松德赞为光复佛法，不远万里将莲花生大师迎请入藏，教导僧人们学习译经。

赤松德赞深知佛法传承的重要性，在他的组织下，专门致力于翻译佛法的译经院应运而生。而后他又制定出了译经师选拔制度，译经师的选拔就此有了统一的规范。

藏文《大藏经》的内容在这个时期基本形成。《甘珠尔》《丹珠尔》《松绷》三大类共同组成了这部旷世奇珍，其中又名佛部或正藏的甘珠尔，收录的是律、经和密咒三个部分；又名祖部或续藏的丹珠尔，由赞颂、经释和咒释共同组成；松绷，也称作杂藏，收录的是藏、蒙佛教徒的有关著述。

谁能想到，这部有着细致多样分类的著述，从它诞生的那一刻起，就已开始融入了藏族人民生活的方方面面。

受佛法的感召，赤松德赞在他辉煌的一生里，不仅守护了佛教，还将佛教推向了高潮。这也应验了其先祖松赞干布遗言中的那句话："在我的子孙后代中，有一个叫作'德'的赞普，他执政时期将传来佛教圣法……由此，我等自身及他人可获得今生与来世转生善趣和得到解脱等一切安乐……"

文化传承的意义，是生生不息的薪火相传，而信仰加持了这一意义，让人类在与时间的博弈中，免于孤身奋战。这力透千年纸背的藏文《大藏经》，正是最好的佐证。

明永乐八年（1410），明成祖朱棣派专使将手抄本藏文《大藏经》带回南京，下令用铜印印刷工艺将经文制成横版，并亲自为这一版的《大藏经》作了序文。之后又将其颁赐给拉萨以及西藏其他地区的政治和宗教领头人。

时间继续向后推移，明朝万历皇帝、清朝康熙、雍正、乾隆三帝，都十分推崇藏文《大藏经》，在北京设的"番经院""番经厂"，就是专门为印行藏文《大藏经》而设置的。"万历版""北京版"等版本各异的藏文《大藏经》都是这一时期由皇家大力推行印制而成的。跨越千年的经文，在朝代变迁的历史洪流中，默默地为世人书写了因果。

藏文《大藏经》作为文明的瑰宝，从来没有故步自封的狭隘，它不仅时刻滋养着藏族人民的精神气度，更是全人类的文化宝藏

　　它在哺育了青藏高原的质朴灵魂后，开枝散叶，成了其他民族的精神养料。满文《大藏经》、蒙文《大藏经》皆出于此。华夏大地上的各个民族，也因为《大藏经》的存在，打破了彼此间的壁垒，缔结了一份亲切的羁绊与共通。

　　大草原上，曾有这样一位小女孩与藏文《大藏经》早早结缘，在藏传佛教的感召下，善根早种。多年后，她辅佐夫君建功立业，教化子孙，开大清帝业，母仪天下，却也在沉浮一生后，因果早定，在《大藏经》中追寻回了儿时的感召。

　　她，就是大名鼎鼎的孝庄文皇后。

　　正是她，使得康熙帝下令，给已译成汉文版的《大藏经》赐名为《龙藏经》，让这部总集教法、律典的汉译本经典，成为世界上年代最久远、保存最完整的汉文宫廷手抄本《大藏经》。《龙藏经》这传承至今的译本，成为连接汉文与藏文《大藏经》的纽带。如今，它就在台北故宫博物院，静候世人。

　　也是在清朝康熙年间，拉萨迎来六世达赖喇嘛仓央嘉措。这位以长情令世人铭记的活佛，也用自己至诚至真的信仰为藏文《大藏经》的发扬把薪助火。

　　他启动了藏文《大藏经》中《甘珠尔》的修订和整理工作，设立了举世文明的纳塘印经院，制作不计成本，耗资巨大，甚至一度使印经院难以为继。直到颇罗鼐执掌西藏地方政府后，整顿组织，才使纳塘印经院重新恢复了活力。

　　仓央嘉措从各地选拔和培训刻字工人，多方召集组织学者，以存放在夏鲁寺的《甘珠尔》和《丹珠尔》作为模板，第一次对藏文《大藏经》进行了正式的校定刊印。

　　在数千人的共同努力下，仅用1年零5个月的时间，102部《甘珠尔》的刻版工作就顺利完成。10年后，在颇罗鼐的组织下，225部《丹珠尔》也完成了整体刊刻。由这两次工程所刊刻而成的《甘珠尔》和《丹珠尔》就是著名的纳塘版《大藏经》。

　　轮回的指针拨向了今日，岁月终究将这璀璨的文化交托给了我们。传承之责重于泰山，中央和西藏自治区政府以及拉萨市政府自始至终从未放松过

对宗教典籍的收集整理和研究保护工作。

拉萨布达拉宫曾保存一部由225函卷帙组成的《丹珠尔》稀世经卷，经书中每一页的七行经文皆由黄金、松耳石、白银、珊瑚、红铜等八种珍宝手书于黑亮的硬纸上，因此经书光彩异常。但是1984年的一场无情火灾，将近半数的珍贵经卷化成了灰烬。

为了最大限度地弥补这半部经卷的遗憾，布达拉宫文管会于1989年6月起，开展了重新补写八宝《丹珠尔》的工程。

补写的部分经卷总量约有20000张，制作工艺精密繁复。为了达到修旧如旧的效果，工作人员必须将七行经文双面书写在每张约60厘米长、20厘米宽的经纸上，并且每一行的经文都要使用不同的材料，这样才能让经页再次呈现出七色光彩，其工程难度可想而知。

政府部门所做的工作远不止于此。早在1986年6月，中国藏学研究中心刚一成立，中央政府就立时收到了《关于整理出版〈中华大藏经〉（藏文部分）的报告》。这一项目随即被列入全国哲学社会科学"七·五"（1986—1990年）规划的国家重点科研项目。

从20世纪80年代起至今，中央政府已累计专项拨款4000多万元，集结了百名藏文专家，用30多年的时间，完成了藏文《甘珠尔》1490多部和

附有释迦牟尼佛语录注疏的《丹珠尔》的校勘出版工作。

此外，西藏自治区政府还组织刊印了大量的经典单行本，满足了众多寺庙僧尼和普通群众的需求。

悠悠华夏，文明千古，藏文《大藏经》历经风霜，终于迎来了它的辉煌。这漫漫经途，就是中华文化传承的缩影。

不论是赤松德赞的坚毅守护，孝庄文皇后念念不忘必有回响的虔诚，还是如今我们的薪火相传，《大藏经》的传承都有着不可撼动的根基，是敢于承担的一生守护，是一代代人至诚至真的信仰，更是一个民族刻入骨血的记忆。

● 藏族史诗里，触摸英雄面容 ●

历史洪流中，能够留下声音的民族并不多。不论是世界上最早的《吉尔迦美什史诗》，还是举世闻名的《荷马史诗》，皆是一个民族人性的凝聚，是一个民族的精魄所在。他们用自己的故事，让自己的民族延续着勃勃生机。而在拉萨，不论身处哪一个村落，都一定能听到关于格萨尔王的传说。《格萨尔王传》，就是属于藏族人民自己的英雄史诗。

传说中的格萨尔王，诞生于公元1038年、距离拉萨700多公里的岭国境内。如今时过境迁，我们之所以能够了解到他的一切，其内容全部源于《格萨尔王传》这部宏伟巨制，它详细记载了格萨尔王戎马一生的英雄故事。

在藏族人民的心中，格萨尔王是天神白梵天之子，被称为莲花生大师的化身。天神白梵天是传说中的人物，而莲花生大师却是真实存在的一位高僧。莲花生大师不仅是佛教史上最伟大的佛法集大成者之一，还是赤松德赞当年迎请入藏、弘扬佛法的藏传佛教奠基人。

藏族人民赋予格萨尔王如此高尚的人格特质，更是说明了格萨王在他们心中的崇高地位。而他的降生以及终身的使命，如同无数英雄一样，都是为了拯救西藏的芸芸众生。

彼时的西藏小邦林立，动乱不断，藏族人民一度被吃人的魔鬼和游牧民族统治，时刻处于水深火热之中。诸佛怜悯世人，便决定降下天神拯救苍生。

白梵天最小的儿子闻喜，就是被选中的天神。于是，1038年的岭国，一个男婴呱呱坠地，而他在凡尘中的名字，唤作觉如。他，便是藏族人民的骄傲——一代英豪格萨尔王。

在藏族百姓中，流传着这样一首有关于格萨尔王的赞歌："举世英雄格萨尔，力战群魔定乾坤。"这些话乍一听起来，似乎会让人以为格萨尔王是因为勇猛善战才让藏族人民爱戴。可当你走进《格萨尔王传》中，就会发现，这并不是他流传千古的主要原因。一个真正的英雄，不止要战斗，更要清楚自己因何而战，为谁而战。

若时光倒流，命运赠予你一次能够成为一位年轻君王的机会，却又在你刚刚成为一国之主时，就让你直面几十个部落的动乱、诸多魔物的侵扰，你，该如何抉择？是隐忍，或是犹疑？

格萨尔王用自己的一生，给出了藏族人民自己心中的答案。

年轻的格萨尔王正气凛然，他不畏缩，不妥协，对于一切入侵者，虽远必诛，从不姑息。格萨尔王勇敢地保卫着人民，带领着人民降服了动乱的部落，反击了魔国霍尔，最终战胜了无数强大的敌人，收获了和平与幸福。

与其说，藏族人民崇拜格萨尔王是因为他有传说中的天降神通，不如说，格萨尔王就是藏族人民坚毅意志的英雄脊梁。他映射了藏族人民不屈服、人定胜天、永不言败的英雄寄寓。

格萨尔王用自己的生命，撑起了民族的信仰，这才是《格萨尔王传》流传千古，乃至家喻户晓的真正原因。而这部鸿篇巨制的英雄史诗，其独特之处远远不限于它的内容，就连它的传承，也称得上是一部传奇史诗。

1933年，在距离拉萨市400多公里远的丁青县，小桑珠照常在山上放羊。突然，原本晴朗的天空下起了雨，逼得小桑珠只得钻进一个洞中躲避，躲着躲着竟靠在并不舒适的石壁上睡着了。

梦中，那位传奇英雄格萨尔王，毫无征兆地入了他的梦。那时的小桑珠还不曾料到，自己就是被格萨尔王选中"梦传神授"的使者，是藏语中被叫作"包仲"的藏族说唱传承艺人。

也就是从梦醒后的那一刻起，桑珠就像变了一个人，终日魂不守舍，好像失去了对一切的兴趣。这种魂不守舍的状况，一直到他再次于梦中与格萨尔王相聚为止。

在梦境里，桑珠看到格萨尔王在一部一部地翻看《格萨尔王传》，他十分好奇，便凑过去一起观看。梦醒后，桑珠竟然将书中的内容全都记了下来，脑海充斥着格萨尔王波澜壮阔的英雄故事。他几乎出于本能般的反应，开始滔滔不绝地说唱起了《格萨尔王传》的内容。

这一说唱，便是一辈子。

那时候的桑珠，或许没有意识到自己在做一件多么伟大的事情，这些珍贵的"活历史"在2014年西藏启动《格萨尔王传》藏译汉工程中，起到了至关重要的作用。它为我们勾勒出了《格萨尔王传》的故事全貌，成了后世珍贵的资料。

但在漫长的岁月中，《格萨尔王传》的传承始终受主观因素的影响，常常面临着人亡歌息的状况。幸好，国家早就做出了行动。

1958年，国家文化部就开始部署抢救、保存史诗《格萨尔王传》的工作。从1984年开始，位于拉萨市的西藏自治区社科院的相关工作人员曾先后16次深入《格萨尔王传》流传最广的地区进行各项搜集整理工作，对桑珠老人和一众藏族"活历史"传承人进行了重点的保护和关照。

桑珠老人也和众多老艺人一起，被邀请到拉萨市藏大东路上的西藏大学参与传承保护工作。西藏自治区社会科学院等有关单位还为他们安排了住房，并给予了生活上的补贴。

那些时候，是桑珠老人最开心的日子，他每天都会走进录音室，说唱《格萨尔王传》，如今由他说唱的《格萨尔王传》已经结集出版了整整45部。这一版本的《格萨尔王传》也成为迄今为止全世界保存最全面、最完整的艺人说唱版本。

然而，生而为人，终有一别，2011年2月16日，桑珠老人追随格萨尔王而去，离开了这个世界。他传唱的《格萨尔王传》，被永远地保留了下来，并入选了2006年中国第一批"非物质文化遗产名录"，成为全人类共同的文化财富。

《格萨尔王传》留给我们的宝藏不胜枚举。由于藏族说唱艺人们多年在外与第一线百姓接触，《格萨尔王传》的表演形式也变得十分亲民多样。艺人们最常用"一曲多变"式的曲调表演，甚至会采用配图配画进行讲解，来增加整个说唱的可观赏性，这种形式也成就了许多艺术瑰宝。

起初，这些说唱艺人们只是单纯为了招揽听众，加强说唱的效果，才绘制了《格萨尔王传》的人物画和内容。在表演的时候，随着神秘语调的响起，艺人们就会配合着说唱的内容，用一只扎有彩色哈达的箭进行解说，像有声的连环画一样指引着观众。

这样的形式在不断的加强改进下，又成就了一门精美的艺术——《格萨尔王》唐卡画。随着《格萨尔王传》的广泛流传，这些唐卡画作也越发精致，渐渐分为艺人指画说唱专用的一类，和百姓们在日常生活中用以供奉的画像一类。在 2018 年中央电视台综艺频道《国家宝藏》第二季中，就曾借《格萨尔王传》和民间说唱艺人的故事背景，将"唐卡"展现在大众眼前，让世人认识到了这一艺术瑰宝的独特魅力。

从历史角度来看，英雄史诗《格萨尔王传》，不仅仅是传统意义上的民族文化传承，更是艺术上的独特创造。说唱演绎性的传承方式，让格萨尔王的英雄形象更加深入人心，影响了一代又一代藏族人民的生活和思想。他们的内心被深深刻下了英雄的尺度，拥有了高度凝聚的高尚品格和统一的民族意志。

格萨尔王，作为藏族人民引以为豪的英雄，并没有辜负后世百姓给予他的这份荣耀。他是正义的化身，是拯救黎民百姓于水火的英雄，更是他们心中的信仰。

如今的我们，同样需要这样一份坚实安定的力量让我们依靠，《格萨尔王传》绝不只是藏族人民的英雄史诗，更是这个时代所需要的英雄力量。

● 玄妙的道歌，加持了内心 ●

2004 年 8 月的一个清晨，在距离拉萨市区 130 多公里的墨竹工卡县门巴乡直贡梯寺，聚满了从四面八方而来的群众们。这是直贡的"大日子"，12

年一次的"猴年大法会"在这里举办。

天上飘起了蒙蒙细雨，在遍地的帐篷中，一位身着僧袍的青年人穿梭雨中。他仿佛在寻觅着些什么。那是一阵诵歌，飘忽直入人心，仿佛让灵魂也得到了加持。年轻人寻声而去，停驻在一座帐篷前。他掀起帐篷的门帘，望见了正在唱诵《米拉日巴道歌》的直贡梯寺住持——顿珠上师。

正是这次邂逅，成就了他与《米拉日巴道歌》的缘分。这位青年人，正是拉萨市墨竹工卡县羊日岗寺六世帕洛活佛，而那位唱诵道歌的顿珠上师，则是"米拉日巴道歌"第41代正统传承人。

忆起二人初次相遇的情形，六世帕洛活佛仍旧记忆犹存。"道歌中的玄妙哲理和优美意境，加持了我的内心。从那天起，我开始请求上师教我《米拉日巴道歌》。"

有关于《米拉日巴道歌》真正的故事，则要从1000多年前说起，那是米拉日巴的一生，是一场关于救赎的馈赠。

1050年，一个不平凡的男婴降生在一户富贵人家，但荣华富贵却与他无缘。米拉日巴的父亲在他7岁的时候去世了，伯父和姑母霸占了他们家的家产，年幼的他和母亲、妹妹受尽虐待。那些日子，在他的心中埋下了仇恨的种子，这也成为他罪业的根源。

在母亲的支持下，米拉日巴去学了苯教的咒语用来复仇，他不仅杀了欺辱过他和母亲、妹妹的人，还招来冰雹把村子里即将收割的麦子毁坏得颗粒无收。而当他被仇恨蒙蔽的双眼渐渐清晰之后，米拉日巴终于意识到了自己犯下的罪恶。他深感罪孽深重，于是向噶举派塔波噶举支派奠基人玛尔巴尊者求学佛教正法，以赎罪正身。

玛尔巴尊者是主张苦修悟道的修行者，只一眼就看出了米拉日巴的"根器"大有可成，同时也发觉米拉日巴罪业未除，便拒绝传授他法门，只让他像个仆人一样在自己身边做工，经受苦行，以砺心智。

8个月后，米拉日巴苦修精进，赤诚可鉴，玛尔巴尊者动容，于是开始口传他全部密法。至此，米拉日巴也将苦修作为自己的本命修行，终其一生都在险峻的山川崖洞、丛林山谷中修行，终修成正果，完成了这份救赎。

米拉日巴身体力行的事迹，感染着后世万千信众。桑杰坚赞，就是米拉日巴的崇敬追随者与其修行理念的实践者之一，也正是他，成就了玄妙的《米拉日巴道歌集》。

幼年出家为僧的桑杰坚赞，一生秉持着米拉日巴的修行理念，隐身于崇山峻岭，潜心苦修，他身体力行地贯彻着心中的教义。18岁后，他开始拜访名师，走访了珞瑜地区、拉萨、达波等地学经习法。

由于米拉日巴尊者传教的方法很独特，常以歌唱的形式教授门徒，于是桑杰坚赞便通过不断走访各地的方式，将流传在民间的珍贵资料汇总起来，最终完成了《米拉日巴传》及《米拉日巴道歌集》等著作，将这位尊者的慈悲与智慧重现于世，泽被后人。

"轻捻细敲处，妙音漫过心田，我之灵魂亦怡然舞动；梵音缓缓处，似青莲素雅盛开，无量殊胜弥漫此间；欢喜曼妙中，我观想，我渐悟……"

2014年6月18日，在位于拉萨市的西藏自治区群众艺术馆内举办的《米拉日巴道歌音乐会》的舞台上，帕洛仁波切穿着一袭白色衫裙，吟唱着《米拉日巴道歌》。

他所唱诵道歌，全部来自《米拉日巴道歌集》，其中讲述的主要是如何使来犯的鬼神受到佛法的约束，以及对具缘弟子们的引导，使他们最终步上成佛的道路的内容。

道歌中的对话活泼生动，且极富哲理意蕴。随着古老的歌声响起，台下的观众们也仿佛置身于千古流转之中，如痴如醉。

自帕洛活佛与道歌结缘后，他就以传承发扬道歌的文化精神为己任，一直不遗余力地开展着这项工作。帕洛活佛发挥他独特的优势，紧跟时代步伐，用多种宣传手段，出版道歌专辑，举办演唱会，为《米拉日巴道歌集》做活态宣传。

毕业于西藏大学的帕洛活佛也是一位良师，曾在拉萨教授英文的他，英文功底深厚，一遇到有缘的学生，他就会知无不言、言无不尽地传授道歌知识，这也为《米拉日巴道歌集》的世界化传播奠定了良好的基础。

帕洛活佛始终希望能在国外举办《米拉日巴道歌》专场演唱会，让更多的人身临其境地感受藏传佛教道歌的文化魅力。

对于道歌的传承，帕洛活佛没有故步自封，在他的心中，《米拉日巴道歌集》的传承需要更宽广的大众环境，而不能仅局限在僧人群体之中。传承人最重要的素质是要对藏传佛教文化、米拉日巴尊者及其道歌有足够的了解，学习道歌的悟性要强，嗓音条件并不是关键。

　　早在2008年，《米拉日巴道歌》就被选入了西藏自治区级非物质文化遗产名录之中。《米拉日巴道歌集》除了深远的地位与影响，同时也具有很高的文学欣赏价值。

　　它不仅仅是一部专属于佛教的典著，还是在中国文学史上有着一席之地的瑰宝之作。500多首道歌，如甘泉般洗涤着世人浮躁的心灵，对藏族诗歌的发展也产生了深远影响。

　　《米拉日巴道歌集》如春雨般洗涤着万千信众的灵魂，助其走上正心诚意的佛法正道。这是米拉日巴尊者"难行能行"的证道觉悟，也是桑杰坚赞虔诚不弃的一生守候，更是帕洛活佛身体力行的布道传法。

　　《米拉日巴道歌集》这充满慈悲与赤诚的绝世之音，必定会在一代又一代的传承者手中，犹如连绵不绝的交响曲般，激荡在时代与人心之中。

● 在高原之巅，重读经典 ●

　　1244年，苍鹰照旧在青藏高原上空盘旋，蓝天下一位63岁高龄的老人正出神地凝望着这片生养自己的高原故土。他那已略混浊的双目中透露出满满的慈悲与坚定，蕴含着无尽深情。

　　不久后，他那年迈的身躯将踏上去往凉州的漫漫征途。他，就是《萨迦格言》的作者——萨班·贡嘎坚赞。这位老人此行是为了终结西藏几百年来的乱世局面，还西藏百姓一个安居乐业的家园。

　　凉州会谈，是西藏历史中无法绕过的大事件。那年，贡嘎坚赞无惧长路漫漫，带着10岁的八思巴和6岁的恰那多吉两个侄子，义无反顾地踏上了前往凉州的征途。历经了700多个昼夜的长途跋涉，他们终于在1246年8月抵达了目的地。

　　第二年，他们与蒙古汗国代表阔端在凉州举行了会谈，共同商讨了关于西藏归顺蒙古汗国的问题，一封重要的书信——《萨迦班智达致蕃人书》也由此诞生。

　　在这封信件中，明确表明了自13世纪40年代以来，当时被称为乌斯藏的西藏地区，就已处于大蒙古国的统治之下，到了忽必烈改"大蒙古国"为元朝，西藏地区自然也成为中央王朝不可分割的固有领土。这一切，都是民族与民族内部之间相互协商而形成的契约，这契约篆刻在历史中，成为不可争辩的铁证。

贡嘎坚赞用他的实际行动，成就了当年西藏的一方安定，也留下了千古芳名。而今，我们若想感受贡嘎坚赞一生的智慧，则可以在《萨迦格言》这部文化圣经中寻找痕迹。而它，诞生在一个动荡的年代，那是尚未有所归属的真实西藏。

公元9世纪中叶，吐蕃末代赞普朗达玛发起了"灭佛运动"，试图针对佛教的佛、法、僧三宝来摧毁佛教。本就扎根不久的佛教根本无法承受如此恶意的攻击，一度接近灭绝。

祸不单行，在此后百年间，又逢西藏战乱不断，民不聊生，藏传佛教的传承更是岌岌可危。或许，是命运不忍让这福泽万民的佛法断绝，又或许是时代需要一位像贡嘎坚赞这般的人物，动乱了一个世纪之久的西藏，终于在10世纪中后期得到了缓解。

一块巨石稍显缝隙，有着顽强生命力的佛教就迸发了勃勃生机。各个派别如雨后春笋般涌现，人们著书立说，广纳门徒，使佛教一度出现"百家争

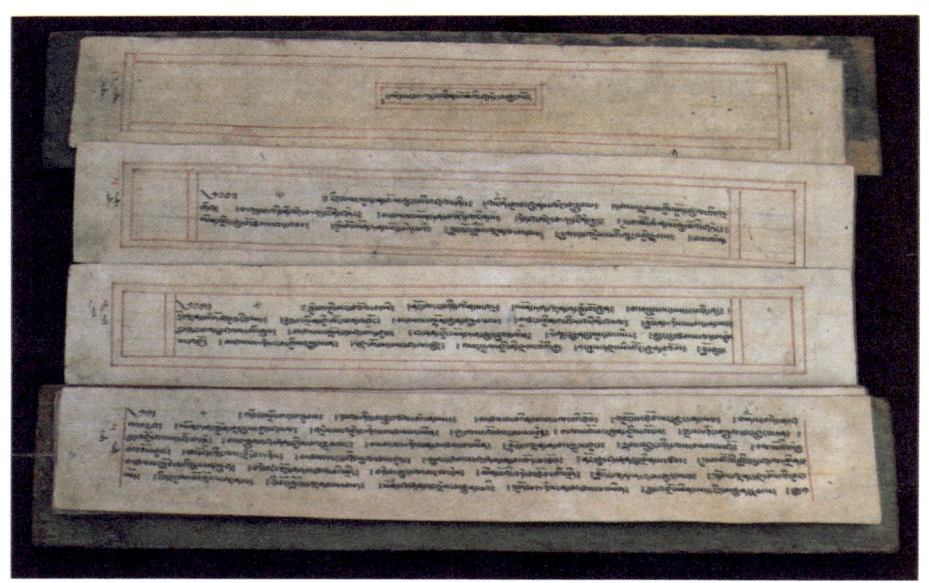

鸣"的景象。也就是在这一时期,作为萨迦派第四位祖师的贡嘎坚赞,撰写完成了《萨迦格言》这本被称为西藏《论语》的文化圣作。

《萨迦格言》是藏族文化史上首部哲理格言诗集,457首诗句都是由4句7音节形式的格言诗组成。贡嘎坚赞曾说过:"为了世人有规可循,我把圣法加以弘扬。"因此为了让人们清楚地辨别是非善恶,《萨迦格言》的内容非常丰富,不仅涉及了人们该如何辨识智者、愚者、君子等各色人,还谈到了人类的性情、恶行、事业,以及弘扬佛法的方式方法。

为了使所描述的事理更加生动、易懂,贡嘎坚赞在写作时加入大量对比和比喻,让人们能够轻而易举地得到明鉴是非的智慧,《萨迦格言》也因此被称作《善说宝藏》,成为研究藏族文化的学者们必读的经典著作。

留下如此瑰宝的贡嘎坚赞,自幼便沐浴在佛法之中。1182年,萨迦尊者降生在一个佛教文化底蕴深厚的家庭中。三伯父是萨迦派大师扎巴坚赞,自贡嘎坚赞幼年起,便对他进行严格的教养,这使贡嘎坚赞在很小的年纪,就拥有了常人无法企及的渊博学识。

三伯父的管教,让他不仅精通梵文等古老语言,还对多个教派的教法有着独到的见解。也正是这些深厚的文化积淀,让贡嘎坚赞明理通达,拥有了广阔的胸襟和慈悲,将西藏的未来和命运作为自己的责任,心怀天下,最终才拯救了危难中的西藏。

《萨迦格言》在藏族人民心中有着不同凡响的位置,人们应用它的智慧,形成了广泛的流传基础。它不仅在各个印经院里均有木刻版本,还在成书后,被翻译成了多个民族的语言,其中不仅包括八思巴文、蒙古文和汉文,还有英、法、日、捷、匈等多种外文译本,在国际上也产生了深远影响。

如今,在距离拉萨市区300多公里的萨迦县,我们还能找到萨迦尊者的足迹,那座声名远扬的千年古寺——萨迦寺,就是萨迦尊者曾经传道的地方。1961年,国务院将萨迦寺作为全国重点文物保护单位,并在改革开放后展开了细致的修复工作。

2005—2007年间,西藏文物保护研究所还和陕西考古研究所合作,对萨迦寺展开了细致的考古调查工作,让这座萨迦尊者曾经布道的千年古寺焕发了生机。

对于《萨迦格言》的传承,各界从未忘记,2013年,西藏大学申报了《从

〈论语〉与〈萨迦格言〉的对比看藏汉民族文化心理的相融》等项目并获批立项，同时成功入选国家级"大学生创新创业训练计划项目"名单。

2014年，西藏人民出版社编辑出版了藏汉双语版本的《萨迦格言》，内容编辑详尽权威，为《萨迦格言》的跨民族传播做出了巨大贡献。

有人说，一个民族的智慧凝聚在一起，就会成为传世的瑰宝。《萨迦格言》，正是藏族人民智慧的汇集，是在藏族百姓无比虔诚的信仰中，孕育出的精神食粮和优秀文化。

千年前，那位回望故土的老者不曾想到，他一人的智慧与信念，会与奔腾不息的雅鲁藏布江一起，滋养着后世的人们。它犹如殷红的血液般，灌入进了炎黄子孙的周身血脉。

第二章
在世界的尽头，遇见三大寺

与拉萨三大寺一一相见，便能悉数知晓拉萨城中千年虔诚的意志，一砖一瓦之下的虔诚与信仰，成为那千年根基的点点滴滴。

● 六百年光阴，用辩经铭记 ●

在距离拉萨3千米处的色拉乌孜山，漫山的野玫瑰借着午后日光的灿烂散发着芬芳，沿香踪蔓延，顺着石阶走上山，就会看到涌动的人潮。来自五湖四海的信徒、游客，早已在色拉寺门前等候多时了。

这是色拉寺的日常辩经时间。随着时间的指针渐渐接近下午3点，僧侣们陆续入场，红色的衣袍和寺内白色石头铺成的地面彼此对照，于庄严中又增添了几分鲜活的气息。

入寺的游人们沿着白石地面边缘站立观望，他们无比期待着这场辩经。在内场中，身着红袍的僧人渐渐聚集，他们或坐或立，有的两两一组，有的多人一起，如同对垒般聚集在一处。到了僧侣们要"交作业"的时候了。

2008年入色拉寺学习经法的索朗次仁，正面临着一场"挑战"，这是他几乎每日必修的功课。今天，他是藏语中被称作"其规"的答辩者。身为一名"其规"，他席地而坐，等待站立在他面前跃跃欲试的提问者开口提问。被称作"阿规"的提问者是跟他同年入寺学习的同乡平措顿西。

率先开始动作的是平措顿西，他首先后退了几步，同时右手行云流水般将念珠一甩，套上左臂，左脚大跨步悬起，右手高高抬起，专注的样子仿佛有什么信念在驱使着他。

这一动作，有着文殊菩萨用剑砍掉无知的象征含义。紧接着，他浑身的

力量一瞬间前倾，他将自己的身体用一步之力迈到索朗次仁面前，同时，两只手狠狠地拍击，发出清脆的一声响。而就在这手掌一起一落之间，辩经也完成了它独特的仪式寓意——压倒心中的贪嗔痴，这是僧侣们感受佛陀的力量的表现。

盘坐在地上的索朗次仁并不慌忙，在提问者一套连贯动作的压迫中，他也用一口急切而专注的藏音回应。两人你来我往，时而激烈，时而欢笑，将四周游客们的目光牢牢锁住。

在色拉寺观看辩经，你不必担心佛法不明、语言不通所带来的隔阂，辩经者们发自内心的专注和欢笑，早就让这份世间难见的热烈与激情迸发成了力量。此时，不需要语言的加持，就足以让人感同身受。

随着时间的缓缓流逝，今日的辩经渐入尾声。身着红袍的僧侣们逐渐散去，观者们却不会就此离开，毕竟千里迢迢来到色拉寺的人们，还有更重要的一程目的，那便是去参拜措钦大殿内的"马头明王"。

1419年，大慈法王释迦益西着手建造了这座举世闻名的色拉寺，为后人留下无数奇珍异宝，马头明王便是其中一尊珍贵异常的金刚像。

马头明王是观音千万化身中的一种，在不了解他的游人眼中，这是一尊看上去外表凶恶、令人毛骨悚然的雕像。可实际上，这是马头明王为了利益众生而现的法相，在他愤怒形象的背后，是一颗广为众生的慈悲之心。

日落西山，游人们也逐渐散去，沉浸在野玫瑰花丛中的"野玫瑰寺"仿佛又恢复了它的静谧与安详。

色拉寺全称"色拉大乘寺"，与甘丹寺、哲蚌寺并称为拉萨三大寺。这座佛教圣地的诞生，与两位大师有着密不可分的关系。一位，是格鲁派的开创者宗喀巴；另一位，则是他的八大弟子之一，被明朝敕封为"大慈法王"的释迦益西。

1414年的拉萨，迎来了一位远方来客，这是一位跨越千山万水从南京而来的明朝使臣，他此行的目的，是迎请格鲁派创派宗师宗喀巴入京讲法。

这已经是永乐帝的第二次邀请了。与上次被宗喀巴大师婉拒不同，这次永乐帝心诚志坚，势在必行，他降下圣旨："诚如所述，法王不能亲临，但需请一位与法王无别之国师光临。"此时的宗喀巴大师，身体抱恙无法亲临。思索再三后，他从八大弟子中选择了德行佛法最为精进的释迦益西代为朝觐，而这次的朝觐，就是"大慈法王"故事的开始。

当年的释迦益西，还没有成为"大慈法王"，那时的他，还不清楚自己会踏上怎样的旅程。他只是遵循师命，前往南京弘扬佛法，却没想到他的到来，成就了藏传佛教在明朝时期的辉煌。

释迦益西刚到南京，就为皇帝治疗了御医们束手无策的顽疾，让永乐帝极为欣赏感激。而后不久，皇帝就下旨在五台山建大殿六座，于御花园侧建法渊寺，尊崇格鲁派修行之法，并于次年将释迦益西封为"大国师"。

初出茅庐的释迦益西，并没有因为荣华富贵而丢失初心。心念故土的他，于次年启程返藏，这一行，他带着永乐帝赐予的无数佛像、佛经、佛塔及蟒缎等瑰宝，这些瑰宝也在日后融为了色拉寺的一部分。

返藏后的释迦益西多了一份使命和责任。1419年，他遵循宗喀巴大师之命，在拉萨北郊3千米处的色拉乌孜山麓建造了色拉寺。释迦益西也因此成了色拉寺的首位堪布，主持着寺院的日常教务。这一年，永乐帝又派遣杨三保赴藏，赐给释迦益西佛像、法器、袈裟等物，用以表彰他的功德。

1421年，已经年迈的释迦益西将色拉寺寺主之位传给了达杰桑布之后，不顾身体的老迈和路途的艰险，再次跋山涉水前往明朝的新首都北京觐见皇帝。但他却晚了一步，还没到北京，他就听闻永乐帝驾崩了。

新皇帝对释迦益西没有丝毫的怠慢，对他的礼敬程度不亚于其父，释迦益西不仅被安排入住法渊寺,同时还被封为"万行妙明真如上胜清净般若弘照普应辅国显教至善大慈法王西天正觉如来自在大圆通佛",简称"大慈法王"。

释迦益西穷尽一生,以藏传佛教的精妙,将西藏与中央王朝紧紧连在一起。透过色拉寺的一砖一瓦,你或许就能感受到"大慈法王"千年前的心诚志坚。

如今,每当藏历10月24日的燃灯节前夕,西藏人的家中还会有一盏明灯悠悠亮起,这是为了纪念"大慈法王"。人们缅怀这位大德高僧对佛教和汉藏民族团结做出的重要贡献,同时也是对他一生无私功德的铭记。

你或许会惊讶,在如此久远的岁月里,究竟是什么让一座古寺长盛不衰,抵御了时光的侵蚀?是僧侣们鲜活专注的辩经场面?是威武庄严的马头明王像?还是蓝天白云下熠熠生辉的黄铜塔顶?

色拉寺,正在用它的一砖一瓦,一点一滴,坚定地揭晓着其中的谜底。或许,只有真正踏入了那片盛开着野玫瑰的山间圣地,才会在丝丝回味里找寻到属于自己的那份答案。

● 初识甘丹寺,大美于行 ●

每年的藏历10月25日,拉萨市旺波日山上的甘丹寺都热闹非凡。晚间时分,从山脚向上看去,寺庙中燃起的盏盏酥油灯。好似漆黑夜空中的点点繁星。那忽明忽暗的光亮,似乎在那一刻已经与无数生命的律动合二为一。

皓月当空,阵阵经轮转动的声音让静谧的高原夜色发出有节奏的回响。这是甘丹寺一年一度的"燃灯节",同时也是整个藏传佛教格鲁派的节日。

寺庙前,等待已久的信徒们早早穿上了节日的盛装,大家高诵着"六字真言",纷纷向神灵祈愿、磕头,祈祷幸福吉祥,这是"燃灯节"的仪式之一。

早在节日到来的前几天,虔诚的僧侣信徒们就开始制作酥油灯,无数盏灯火将会在节日的当晚照亮整个寺庙,人们也会在家中点燃酥油灯,昼夜不灭。这传统节日的一切,都是为了纪念一位伟大的尊者,格鲁派的创始人——宗喀巴大师。

那是 1409 年，拉萨市旺波日山上，一位尊者正站在高处，回望着这里的一草一木。他的目光和蔼而坚定，像是在凝望着自己的亲生骨肉。

久久的，他的心中似乎出现了一个声音，那个声音告诉他——就是这里了，你的归宿，就在这里。于是，在这巨象般雄伟的山峦上，一座巍峨的庙宇拔地而起。这正是甘丹寺，而那位尊者就是宗喀巴大师。

如今走进甘丹寺，在金顶的光辉下，雄伟庞大的建筑群立即映入眼帘。我们完全可以沿着宗喀巴大师一生的轨迹游览，先在他千年前起居修行的"赤妥康"寝殿瞻仰大师遗物，再前往措钦大殿，朝拜强巴佛像和宗喀巴鎏金铜佛像。当然，绝不能错过的还有那一根"倔强"离地的奇异柱子，正是它，见证了宗喀巴大师当年亲自创建甘丹寺的经过。

相传，宗喀巴大师在建造寺庙时想要寻找一根能够撑住大殿的柱子，却久寻不得，直到在拉萨外围的森林里找到了一棵合适的大树。原本要被砍下运走的树木，却神奇地一再复归原位，好像被施了魔法。

于是，宗喀巴大师亲自督办，日夜加急，终于将它运到了甘丹寺，并马上命人打磨竖在了措钦大殿里。可这根柱子似乎有灵性般，始终离地一掌高，仿佛在抗争着什么，就是不肯支撑大殿。

这根柱子，如今已经成为甘丹寺的"打卡"点，只要是来到这里的人，都会亲手摸一摸这个神奇的大柱柱底，希望给自己带来好运。

甘丹寺是宗喀巴大师创建的格鲁派的祖寺，是"拉萨三大寺"的鼻祖。因此可以说，宗喀巴大师是拉萨三大寺之父，没有他，就不会有释迦益西创建的色拉寺、绛央却杰创建的哲蚌寺。其中千丝万缕的联系，足以让今人在回顾宗喀巴大师虔诚高洁的一生的时候，心生赞叹。

在宗喀巴大师生活的时代里，藏传佛教已经形成了噶举、萨迦等教派，教派之间经常发生的权力争夺，让时局极为动荡，以至于各方教派无心礼佛，礼法、教规混沌一片。这一切，都让藏传佛教遭受着"千里之堤，溃于蚁穴"的危机。身处此情此景中的宗喀巴，对各大教派的作为极为痛心，改革宗教、创立新教派的种子，早早地埋在了他的心中。

38岁那年，宗喀巴制作了一顶黄色的桃形僧帽，他坚定地戴上了这顶帽子，决定用这种与众不同的举动，向世人表明自己有别于败坏戒律修行者的决心。他不曾料想到，自己这种别具一格的行为，不仅得到了帕竹地方政权的大力支持，还使众多僧俗竞相追随。

1403年，44岁的宗喀巴夙兴夜寐，以阿底峡的《菩提道灯论》为蓝本，编写完成了格鲁派最重要的著作——《菩提道次第广论》，这也成了格鲁派创派的理论基础。6年后，宗喀巴大师终觉时机成熟，雄伟瑰丽的甘丹寺便应运而生。

作为"拉萨三大寺"之首，甘丹寺中所珍藏的文物，吉光片羽，珍贵异常。从乾隆帝御赐的镶满金银珠宝并且书写着汉、满、蒙、藏四种文字的盔甲，到用纯金汁书写而成的整套《甘珠尔》佛经这种国家特级文物，无不彰显着明清两代中央政府和西藏地方政府之间友善、亲密的关系。

著名的"甘丹绣唐节"，正是为了展示藏于甘丹寺中的一件精品所形成的节日。

那是由十六罗汉和四大天王等组成的一套二十四幅的缂丝唐卡"唐绣"，是宗喀巴大师的弟子，后来的"大慈法王"释迦益西，从南京带回拉萨献给甘丹寺的礼物。

这套永乐帝御赐的二十四幅唐卡，做工精美，寓意深刻，堪称瑰宝，完整展示出来需要花费整整三周的时间，因此直接形成了该寺一年一度规模盛大的"甘丹绣唐节"。

古老的甘丹寺内，宗喀巴大师的肉身供奉在羊八犍经院。触摸着雄伟的殿柱，感受着历代住持大德的坚定信仰，或许你会恍然若梦、思绪万千。

因果之间，一切是如此的偶然，却又充满着必然。千年前，若不是宗喀巴大师不愿与世俗合污，虔心向佛开创了格鲁派，就不会有格鲁派的诞生和甘丹寺的建立。若没有格鲁派，也不会有释迦益西和绛央却杰的薪火相传，更不会有色拉寺与哲蚌寺的存在。

云海涛涛，苍松劲柏随风而动，旺波日山上的一切恍若仙境。甘丹寺，这听起来神圣的名字意味着未来佛弥勒佛所教化的世界——"兜率天"。它象征着美好与真挚，是寄寓我们远离欲望和纠缠。

千年前，宗喀巴大师圆寂于此，他的信念与坚持，却从未消散。千年后，它余温尚在，正如"燃灯节"中灯盏的微光，照耀着人们前行的路，等待着我们去参悟。

● 回到哲蚌寺，遇见另一个自己 ●

行至拉萨的人，或许都听过这样一句话——"小寺看大寺，大寺看哲蚌"。

拉萨的大寺，不仅仅是信众游人眼中朝拜叩首的地方，更是每一个痴迷的灵魂，放空杂欲、和本真的自己再次相遇的归处。

雪域圣土之上，拉萨河奔流不息之处，规模庞大的哲蚌寺建筑群鳞次栉比地坐落在拉萨西郊的根培乌孜山下。哲蚌在藏语中的意思是"米聚"，"米聚"象征着繁荣与昌盛。而今，历经近千年的哲蚌寺正如它的名字一样，仍旧承载着繁盛的光环。

相传 1416 年，宗喀巴大师的弟子绛央却杰带着八个徒弟，搭乘牛皮船渡过拉萨河，来到根培乌孜山。他在地上点燃了三盏酥油灯，分别摆在山坡的东、西、中三个方位。山风吹过，东西两处的灯都熄灭了，只剩下中间的那盏灯亮着。

绛央却杰微微一笑，随手将一块石头扔往山下，这时候正好有一名牧羊女从此处路过，只见她抖了抖身上的彩色围裙，那枚石头就突然地立在了地上。

绛央却杰若有所思地说："师父说得对，这是块吉祥宝地，牧羊女便是转世的空行女，咱们寺院的第一幢房子，就建在这里吧！"于是，那座名叫"强央拉康"的经堂由此诞生，它是哲蚌寺所有建筑的起点。而今，行至此处的人们，都会敲击一下这块曾经测量过寺址的石头，它像圣物一样供在哲蚌寺中，据说轻轻一敲，它便会发出有如乐曲一般的声音，玄妙至极。

走进哲蚌寺，措钦大殿中盏盏长明灯摇曳着不灭的灯火。随着一众喇嘛的脚步指引，你就会来到大殿三楼的"强巴通真"殿前。殿门上"穆隆元善"的门匾巍然尊贵，一尊弥勒8岁等身铜像就在殿内静观着时光的流转。

"强巴通真"，意思是"看上一眼，就可以驱除世间的所有苦痛，死后可以免入地狱"。

关于此，还有一个传说。

当年，哲蚌寺的最大施主是柳梧宗本浪卡桑布，他的女儿在拉萨河畔的某处发现了一块绿松耳石，当她想要把那块绿松耳石拿上岸时，潜入水底的她突然变成了一只巨大的蝎子。

浪卡桑布得知此事后，心急如焚却又束手无策，恰逢宗喀巴大师在哲蚌寺中，他便诚心祈求大师救女。于是，宗喀巴大师便指引他铸造了一尊朝东的强巴佛像。

佛像落成后，已经变成巨大蝎子的女儿在哲蚌寺东侧对面的山上看到佛像慈悲的面容，即刻便往生到了三十三重天。如今，如果你认真观望，还能从那座对面的山上隐约看见蝎子的印记。

措钦大殿中供奉着哲蚌寺的镇寺之宝——白色海螺。这是格鲁派创始人宗喀巴大师，在弟子绛央却杰修建哲蚌寺时，送给他的礼物。这枚珍贵的白色海螺，是宗喀巴大师修建甘丹寺前亲自挖掘的，它在归入哲蚌寺后，便一直被珍藏在殿中。

时隔近千年，古老的传说亘古不变，但哲蚌寺能够让人们缅怀纪念的，却远不止于此。它是藏传佛教最大的寺庙，也是格鲁派中地位最高的寺院。这里不仅仅有格鲁派创始人宗喀巴大师的弟子绛央却杰的身影，而且它曾经还是西藏的政治中心。

1530年，哲蚌寺中精美的"甘丹颇章"拔地而起，这是由二世达赖喇嘛根敦嘉措任哲蚌寺第十任赤巴时主持修建的寝宫。

在这座独立的建筑里，曾经居住过三世、四世、五世达赖喇嘛。其中五世达赖喇嘛在这里建立起了强有力的甘丹颇章政权，使其一度成为西藏的政治权力中心。

拉萨的寺庙众多，每座寺庙都有着自己的建筑风格和历史文化背景，这似乎不足为奇，但由一座寺庙延伸出属于一个民族的传统节日却并不多见。而在哲蚌寺中每年举行的"雪顿节"便是这样的节日。它不仅是哲蚌寺最盛大的节日之一，也是哲蚌寺留给世人最珍贵的遗产。

藏历6月30日的清晨，拉萨还没睁开惺忪睡眼，10千米外的根培乌孜山上却已摩肩接踵、人山人海。哲蚌寺下，无数经幡迎风飘扬，人们如江河入海般，虔诚而坚定地向前行进。

雪顿节仅从字面意思来看，是"吃酸奶宴的日子"，究其原因，这种习俗来自格鲁派的一项戒律。每逢藏历6月15至30日期间，西藏大小寺庙的喇嘛们都会严禁外出，以免踩杀昆虫。解禁后，农牧民就会拿出酸奶敬献，由此形成了吃酸奶的传统节日——"雪顿节"。

早上7点，雪顿节的第一项仪式"晒佛"渐渐拉开了帷幕。千里之外的人们不辞辛苦来到这里，就是为了在这一时刻，朝拜佛祖画像。

伴随着雄浑的法号声响起，众人在甘丹寺喇嘛的指挥下，将一幅巨型唐卡缓缓移动到晒佛台前。随着画轴展开，一幅长约 40 米、宽约 37 米的巨大五彩丝绸织成的释迦牟尼唐卡画像，徐徐地出现在人们面前。顷刻间，洁白的哈达如波涛涌动般被抛向唐卡，人们双手合十，纷纷向唐卡膜拜叩首、发愿祈祷。

哲蚌寺，一座建在山上的寺庙，它离天更近，却又牢牢地扎根在大地的土壤之中。天地之间，轮回往复，这里的每一处砖瓦树木都早已成为时间的见证者。

如果说其他地方的佛祖只是局限于寺庙、雕塑中的形象，那么，在哲蚌寺，佛祖所传达给世人的信仰则存在于人们赶往这里参加节日盛会的坚定脚步中，也存在于寺中经幡飘动的声音和那一个个转经筒上被人们摩挲过的痕迹中，这是一份跨越了近千年的共情。

今时今日，不论你身在何处，不论你终日追寻着怎样的梦想，也不论你正面临着何种困境，如果你有幸来到哲蚌寺，请放下躯壳之下的那份沉重，静静聆听山风吹动的声音，或许你能与另一个自己倾心相遇。

第三章
七色的壁画，是历史描绘的轮廓

段段尘封已久的风霜，沉寂在座座古迹之中。征战杀伐的战鼓，璀璨光辉的文明，鲜活的代代伟人，就在这满墙的色彩中等待与你重逢。

● 唯有这位公主，让人潸然泪下 ●

凤栖梧桐，龙潜云海，冥冥有道，人亦如此。

似乎，宿命在浩瀚的尘世中，早已为每一个生灵都精心安排好了各自的归往，只不过，有些路太长，归途无期，牵挂着一世苍凉。

大昭寺里，那幅举世闻名的"文成公主入藏图"壁画，用它铿锵有力、掷地有声的笔触，探触着时光的温度。千年前，那位被命运选中的女子，在不经意间成了大唐与吐蕃的使者，她不仅成就了这横跨千山万水的传奇，也将汉藏两族人民的血脉命运紧紧编织在了一起。

站立在恢宏厚重的大昭寺内，直面墙壁上的"文成公主入藏图"，你会由内而外被它的气息感染。伴着悠悠的檀香，这位唐朝公主波澜壮阔的一生，会让我们倍感渺小。

唐贞观八年（634），松赞干布开启了吐蕃与大唐的缘分。巍巍大唐的盛世繁景，让他深深的敬仰，一心要振兴吐蕃的他，想得到这盛世的加持。于是，松赞干布决定迎娶一位大唐公主。

但这并不轻松，松赞干布第一次想要迎娶公主的请求失败了。但大唐繁华的盛世景象仍旧吸引着他，松赞干布再次向大唐表明了自己的心愿。

或许，是如此执着的诚意打动了唐太宗，又或许是大唐社稷需要边疆的稳定，唐太宗终于答应了松赞干布的恳求，将一名宗室女子册封为公主，承诺许配与他。这位被皇帝钦点的宗室女，便是文成公主。

那是贞观十五年（641）的上元节，长安城内红灯高悬。但是对于文成公主来说，这个家人团聚、阖家欢乐的日子，却成了月圆人难圆的刻骨记忆。满城的欢乐祥和始终抵不过那一纸诏书的惆怅。

是的，就是那天，大唐的文成公主，将那改变她命运的诏书，攥握在了手中。这意味着在不久后，她就将从大唐启程，跨越千山万水的重重阻隔，前往那个以往从未听说过的高原之地。

我们无法得知，那究竟是怎样的一条漫漫长路。我们只知道，这条路长约3000千米，山高水远，路途艰险，跨越了现在的陕西、甘肃、青海和西藏4个省区；我们只知道，这段距离仅靠车马，足足走了大半年；我们只知道，她，做了一个其他大唐公主一辈子都不会做的梦。她以一己之力，承担起缔结唐蕃友谊的千斤重任，而她所付出的代价，则是一生要把他乡当作故乡。

在"文成公主入藏图"的壁画中，清楚地记录着她和松赞干布相见时的场景，跨越千山万水的文成公主在河源附近的柏海，终于见到了携群臣隆重迎接她的那位执着赞普。

这天或许不是一个黄历中的好日子,却是松赞干布梦寐以求的日子。他终于迎来了自己的妻子和吐蕃的希望。满载而来的文成公主如同天降福泽一般,将大唐的珍宝、典籍倾囊相授。随着文成公主的到来,吐蕃的文化、政治、经济、生产劳作等等方面,都产生了质的飞跃。

文成公主的馈赠丰厚且实际,如甘露一般,滋润了吐蕃的每一寸土壤。她为西藏播种,让无数西藏百姓远离饥馑;她为西藏传道,让无数种技艺生根发芽;她为西藏哺乳,让无数甘甜的乳汁流入西藏百姓的心间。她将西藏百姓看作是自己的亲生骨肉,并用自己的一生在守护着他们。

文成公主与松赞干布的婚姻生活,因松赞干布的早逝而只维持了短短9年。但是这短短的9年,却足以让奉诏和亲的文成公主折服在这位赞普的雄才大略之下。

按照大唐的规矩,失去丈夫的文成公主可以返回大唐,但文成公主却决定继续留在高原之上。虽然她没有子嗣,但那众多的高原子民便是她的孩子,她要留在这里,继续守着亡夫的遗愿,为藏汉两族的繁荣友好做出贡献。

如今,来到拉萨的旅人,都会听到这样一句话,"来拉萨而没有到过大昭寺,就等于没来过拉萨",当你游历过大昭寺后,就会感叹另一句话,"没有文成公主,就没有大昭寺"。这座文成公主协助建造的大寺,历经风霜,如今依然散发着阵阵佛光。

我们的文成公主,曾在这里留下属于自己的思乡痕迹。游罢大昭寺,你会在寺门前,看到一株枯萎的古柳,它有个好听的名字,叫作"公主柳",那是文成公主亲手栽下的对于故乡的忧思。

相传,西藏原本并无柳树,这一切都是文成公主的手笔,这是她在离开故乡前,母亲折柳相送的寄托,是她遥望故土大唐的深深思念。

细细端详西藏之柳,你就会发觉它不同于其他地区的柔美之气。这里的柳树枝条向上,已经完全不似在其他地区中常见的细枝下垂的柔弱样貌。

经过千百年的进化,西藏的柳树已经摆脱了原有的样貌,以一种适应了当地环境的崭新姿态,苍劲有力地生长在本不属于它的环境中。蔓结的枝条仿佛在诉说着万千岁月峥嵘。这难道不是文成公主一生经历的写照吗?

大昭寺旁,香火缭绕,一排排酥油灯熏染了这超越时空的芬芳,不知那大唐的公主,我们的文成,嗅到了吗?

千年前的你，能否告诉我们，你曾站在哪片热土上眺望故乡？文成公主，请你告诉我们，你的一世深情，我们又该去何处追寻？我们只能隔着交错的时空，满含热泪站在因你而荣耀的泛黄壁画旁，让这过往的风、落下的光，携着你的思念，返回梦里的大唐。

●翻山越岭，邂逅"阿巴钦波"●

拉萨的风情，一半，都藏在布达拉宫。

这座已有 1300 年历史的古堡式建筑，用它雄伟而丰厚的内质，悄无声息地融入拉萨的血液中，成为雪域高原之上璀璨的明珠。

在这里，你不仅能看到佛的慈悲、人的信仰，还能感悟到历史的沧桑和人性的伟岸。那蕴藏在布达拉宫里的一幅幅壁画，都无时无刻不在传颂着岁月的流转。

步入布达拉宫的大殿，沿香火蔓延，跨过一个个穿堂入殿的追寻者的足迹，便会在红宫西大殿中，巧遇两位伟人的神貌。五世达赖喇嘛赴京觐见清顺治皇帝的壁画，正在千尊佛画中，陈述着不朽的传奇。这是被称为"阿巴钦波"——阿旺罗桑嘉措的故事，也是藏汉两族人民血脉相通的因缘。

藏语里的"阿巴钦波"，意为"伟大的五世"，这一声发自肺腑的"伟大"，不仅仅是因为阿旺罗桑嘉措为西藏人民奉献了自己的一生，更因为他在西藏文化史、宗教史、建筑史等诸多方面都有着高深的造诣，甚至如今雄伟如斯的布达拉宫，也有他添砖加瓦建设的贡献。

布达拉宫中的西有寂圆满大殿就是阿旺罗桑嘉措的手笔，它不仅是布达拉宫中最大的一座殿堂，还是五世达赖喇嘛的享堂。后世中，它还成了历代达赖喇嘛举行各种大典和法事活动的场所。

环顾雄伟肃穆的大殿，你会发现四周散发着沉稳威严的气氛，无数能工巧匠的艺术结晶，都化作了这里的雕梁画栋。

殿内的设计，全都严格按照藏传佛教相关的秘典，经特别设计雕刻而成。关于阿旺罗桑嘉措生平的壁画也收藏在这座大殿之中，它由西藏著名画师绘制而成。绿松石、珊瑚、黄金和珍珠等珍贵原料，被研磨成厚重的色彩，满溢在280多平方米的空间内。这满殿的奇珍，陈述着属于阿旺罗桑嘉措的时代，这，也是他与西藏共同走过的涓滴岁月。

冥冥中，我们都会被一种力量牵引，遇见自己的命运。1652年的阿旺罗桑嘉措，就正被这股力量驱使着，必然而坚定地踏上了属于自己和西藏的"命运之旅"。

这位格鲁派领袖很快便会携领着3000多人的队伍，跨越千山万水，长途跋涉前往北京觐见清朝入关后的第一位皇帝——顺治帝。这是属于他的使命，也是他漫漫人生中，最为辉煌的一笔。

1617年，西藏古老而显赫的琼结家族内，一声婴儿洪亮的啼哭声划破了长空，这个曾经在历史上雄踞一方的家族，迎来了他们的新生命。那时的人们还无法想象，这个嗷嗷待哺的孩童，将经历怎样波澜壮阔的一生。

在四世班禅的主持下，阿旺罗桑嘉措5岁时，便被认可成为四世达赖喇嘛的转世灵童，随即被迎入拉萨的哲蚌寺研学经典。

这位天资聪慧的名门子弟，不仅研读经典有悟，还先后担任了哲蚌寺和色拉寺的主持。也是由他开始，确立了历代达赖喇嘛作为这两座寺院住持的传统。但这却不是属于阿旺罗桑嘉措的一方风水，他的一生，充满着责任和挑战。

彼时，阿旺罗桑嘉措所处的西藏内忧外患，多方势力雄霸一方，藏传佛教格鲁派也受到了来自地方政权和其他教派的迫害。西藏百姓成了各方势力争斗的牺牲品，人民生活困顿不堪。为了结束这场劫难，使人民的生活重新恢复平静，阿旺罗桑嘉措当仁不让地承担起了这份责任。

有赖于藏传佛教格鲁派的广博教义，和硕特汗国领袖固始汗对阿旺罗桑嘉措的主张给予了强有力的支持，推翻了统治西藏二十多年的藏巴汗政权。固始汗独尊格鲁派，以五世达赖喇嘛为全西藏的宗教领袖，其第巴索南群培建立了甘丹颇章行政体系，格鲁派的权威由此得以在拉萨建立起来。

在遥远的北京城里，刚刚入关不久的顺治帝听闻了阿旺罗桑嘉措的壮举。英雄惜英雄，在政治与命运的指引下，顺治帝代表中央，向遥远的雪域高原发出了邀请。于是，顺治九年（1652），阿旺罗桑嘉措抵达了北京，他不仅受到了清政府的多方优待，顺治帝还下令专门修建西黄寺，以供他入住。

两个月后，顺治帝赐予了准备返藏的阿旺罗桑嘉措大量珍宝，并正式对

他进行了册封。为表郑重，顺治帝特别为阿旺罗桑嘉措颁发了金册金印。自此之后，历世达赖喇嘛都要经过中央政府的正式册封，这也成为一项制度被确立了下来。

身处布达拉宫的雄伟一隅，没人不讶异于它的辉煌和精妙，五世达赖喇嘛觐见顺治帝壁画里丰富的色彩，严谨的构图，更是活历史的印记展露。

画面中，精巧诡谲的笔法在墙面上呼之欲出，纷繁众多的人物显现着有序的尊卑次序。在众僧侣与众朝臣们的拱卫，五世达赖喇嘛与顺治帝被置于主位，以显尊贵。而仔细端详，五世达赖喇嘛的神态又稍作俯首状，顺治帝在座次上，也略微高过他。这些微妙的细节，都在真实展露着历史的真貌，让我们有幸在今时今日得望他们当年的风姿。

壁画中那些取自当地的矿物质颜料浸染了千年的色彩，这是无数不留姓名的匠人呕心沥血的结晶。他们无惧辛劳，将一幅幅生动绝伦的壁画呈现在世人面前。

现世如斯，我们或许无法一瞬间跨越千山万水，出现在雪域之巅的高原圣殿中，去感悟历史的厚重。但布达拉宫墙壁上的历史印记，却会一直默默无闻地见证着历史。

阿旺罗桑嘉措，这"阿巴钦波"的名号，永世长存在藏汉人民的记忆里。五世达赖喇嘛觐见顺治帝的壁画，如一位低喃细语的智者，等待着与你的邂逅。

●晴空下，去罗布林卡看壁画●

拉萨，从来都不是一座简单的城市。这片圣洁的土地，如同一位手握珍宝的千手观音，让你目不暇接、难以取舍。与其在景致中奔波往返，倒不如漫步于拉萨的西郊，行一次旅途，观一场传奇。

游在拉萨，究竟该如何迎接一段前尘的洗礼，才能往而无憾？或许，你能在罗布林卡的壁画中，找到一个色彩纷呈的答案。

藏语中的罗布林卡是"宝贝园林"的意思，这座历代达赖喇嘛的夏宫，在漫长的岁月中，早已成为西藏无数文物、历史的汇流之地。

步入罗布林卡的金色颇章大殿，你的第一眼，必然属于那一墙的壁画。大到各路仙佛、历代达赖喇嘛，小到庆典节日、婚丧嫁娶，一阵跨越千年的烟火气息不由分说地扑面而来。只要你愿意，一整个西藏的前尘往事，都能在一壁的鸿篇巨制中尽收眼底。

漫步于有着庞大建筑群的罗布林卡，你会惊喜地发现，这里的建筑风格包罗万象，大有移步换景的趣味。而被称之为"永恒不变宫"的达旦明久颇章，就是其中别具一格的精华所在。

还没迈入达旦明久颇章之前，你便会被一阵花香吸引。这座宫殿内外皆是盛开的鲜花，让人真切地感受到了"宝贝园林"的含义。

尽管达旦明久颇章从年龄上来说，并不及任何一座"前辈"宫殿，但在它的内里，却藏有极为珍贵的壁画，讲述藏族起源的"斯喜堆古殿壁画"就在此处。

这组由三十多名画师倾心绘制而成的壁画，记录着西藏地区的第一块农田、第一部经书、第一座宫殿……可以说，西藏历史长河中的所有重要事件，都被"斯喜堆古殿壁画"囊括其中。

这组由301段文字说明和246幅画面组成的磅礴组画，不仅展示了有关藏族起源的美妙传说以及西藏各地方政权之间的荣辱兴衰，更是将尺尊公主和文成公主进藏时所流传下来的千古藏汉情描摹于墙面之上，让世人在观赏美妙壁画的同时，也领略了藏族人民"据史作画、以画言史"的绘画传统。

达旦明久颇章作为罗布林卡最为恢宏的建筑之一，凝结了无数能工巧匠和绘画大师们的心血，而其中一颗耀眼的明珠，便是天才绘画大师——安多强巴。

安多强巴，被称为是"西

藏绘画的一代宗师"。这位曾在拉萨哲蚌寺中求法的著名画家，有着享誉西藏乃至整个世界的成就。他在西藏人民的心中有着非凡的地位，丝毫不逊色于任何一位世界级的绘画大师。在达旦明久颇章的墙壁上，就有一幅安多强巴倾心创作的"释迦牟尼讲经图"。

画面里，正在鹿野苑中讲经说法的佛祖释迦牟尼，在一棵伞状的菩提树下打着"金刚跏趺坐"，双手结说法印，姿态优雅，衣襟飘飘。

在这方仅有8平方米的壁画里，不仅作为主要人物的释迦牟尼佛被描绘得惟妙惟肖，甚至他周边的近60个不同身份的人物，也全都显现出了各自不同的神态。这幅壁画中虽然人物众多，却主次分明，丝毫不显拥挤，令所有观赏之人惊叹万分。

走出达旦明久颇章，退望远观，任谁也难以想象这座如诗如画的建筑，曾是一栋拥有经堂、卧室、会客室等40多间房屋的多功能场所。当年的达赖喇嘛曾在这里，做出了一个又一个足以改变西藏命运的重要决定。

那时的罗布林卡还是一片郁郁葱葱的灌木林。由于七世达赖喇嘛在拉萨哲蚌寺学经时，喜欢来此处消夏，因此当时的清朝驻藏大臣便下令在这里为他修建了罗布林卡的第一座宫殿——乌尧颇章，这便是如今的罗布林卡的源头。

这看似是历史中的闲来一笔，却让这片曾经荒草丛生的灌木林，与历代达赖喇嘛结下了不解之缘。

移步推开乌尧颇章的那扇门，一整个拉萨的美景就会向你倾泻而来，雄伟的布达拉宫、深沉的大昭寺、金碧辉煌的色拉寺、树木繁茂的罗布林卡、人潮熙攘的八廓街，全都跃然于其墙壁之上。

壁画中山水环抱，每一处景致的线条都流畅自然、超凡脱俗，让人如入仙境一般，甚至你还能在这幅壁画之上看到拉萨所特有的湛蓝明净天空。这就是乌尧颇章中最为著名的"拉萨全景图"壁画。

久久驻足于罗布林卡的壁画前，一种别样的风情自会从你的心底油然生起。的确，罗布林卡的壁画很"不一般"。它所呈现出的以拉萨为主的西藏中部地区的"卫赤"画风，不同于西藏其他地区的绘画风格。

匠人们不仅采用了天然的植物矿物颜料，更用特殊配方制作，比如用在红色中添加朱砂，黄色中添加硫磺和砒霜等方式，制成独一无二的珍贵颜料，再运用具有仪式感的落笔以及独有的壁面处理方式，才能完成一幅壁画。

着色、晕染、勾线……每一幅精美壁画的背后，都包含着精密烦琐的步骤，这才使得壁画中景物的描绘线条流畅工整，画面色调丰富活泼。就算在整个西藏绘画史上，罗布林卡的壁画也堪称一朵娇艳的奇葩。

漫步于罗布林卡，郁郁葱葱的树荫光影错落，鸟语之间，亭台楼阁伟然有序。假如你仅从地图上观望这座占地面积约40公顷的拉萨大型宫廷园林建筑群，你也不难明白，这座被称为"多维博物馆"的园林式建筑的奥妙。

种类繁多的植物与辉煌大气的建筑是罗布林卡的特色，其宫殿内壁上的壁画，更是这里的精魂所在。如果到了罗布林卡，而不在这里的壁画面前驻足品味一番，就像是终不得见"宛在水中央"的妙龄女子的真容一般，必然会成为游者拉萨之行的一大憾事。

● 歇脚乃琼寺，人说壁画世无双 ●

每个城市都有自己的灵魂，一座建筑、一句乡音，甚至只是一缕微风，都在向人们诉说着只属于这个城市的独特个性。

当我们走在西安的街头，秦汉盛唐所留下的古色繁荣总让人流连；江南烟雨的朦胧凄美让人内心变得充盈与柔软；北京街头的古老底蕴向我们展示着文化的魅力；南京大街上飘落的梧桐仿佛在讲述着民国的往事……那历经千年的沉淀，从不曾随着时光的推移而失去色彩与温度，反而犹如上好的陈年佳酿般将其特有的浓郁香气存留在我们的心间。

坐落于海拔3650米的雪域明珠拉萨，无疑是一座让无数人魂牵梦绕的城市。它满足了几乎所有热爱自由与艺术的人们对一座美好城市的想象，这种想象是高原母亲在不经意间挥洒给全世界的一份优雅的礼物。

只有真正踏足于这片土地，才会知晓，不论是拉萨那让人沉醉的街边美景，还是那大巧不工的文化特色与低调虔诚的朴实人文，都使梦想照进了现实。多少年来，任世事历经无常，这座城市依然迈着悠然的步伐，沉浸在其独特的文化底蕴中笑看云卷云舒。

每一个来到拉萨的游人，都会在内心深处产生一种莫名的兴奋之感，因为谁也不知道在这座朴素低调的城市里，还有多少藏匿在街角巷落中的文化瑰宝等着我们去发现。而这种犹如儿时最为热爱的寻宝之旅，又会在惊喜进现于眼前的那一瞬间，让心中那油然生出的敬畏之情将我们狠狠地震慑在原地。

拉萨的道路不同于大城市那般铺张华丽，它以一条条整洁平坦的青石板路给予人轻松愉悦。当古朴的村道与湛蓝的天空交汇，高远的山丘与红花绿树相映，那朴素而简单的画面仿佛让人寻回了内心最纯粹的本初。

而乃琼寺——这座千年名胜，便隐于这样一条普通村道中，甚至通往乃琼寺的村道比寻常的道路更为朴素。位于村居之间的乃琼寺没有华丽的装潢，仅以一隅四方院落默默伫立，恭迎天下客。

在藏语中，"乃"是"地方"的意思，而"琼"则表示"小"。虽取名"小地方"，可乃琼寺并非默默无闻。事实上，乃琼寺是西藏有名的佛教高等学府，每年都有无数的喇嘛在这里考取格西学位，荣耀地学成毕业。

乃琼寺的方形廊院里有一块无字碑，石碑两侧的香炉中青烟缭绕，近旁的村落树木都仿佛飘浮于烟气之中。身处此情此境，神秘、肃穆之感可谓不言而喻。此外，乃琼寺中更能激荡起人们敬仰之情的，是存在于寺庙大殿以

及四廊中那一幅幅生动形象的壁画。

熟悉西藏壁画艺术的人都知道：白居寺壁画和古格壁画蕴含着举世无双的文化价值，而在小小的乃琼寺中留存着的壁画亦不遑多让。若是有幸遇到偶然经过的喇嘛，或许我们还能听到乃琼寺壁画背后的故事：乃琼寺是藏传佛教格鲁派中有名的寺庙，所以这里的壁画描绘的大多为白哈尔神及其化身像。

作为格鲁派最重要的护法神，白哈尔神自然也被尊为乃琼寺的护法。于是寺庙壁画最常见的主题都是围绕着白哈尔神刻画的，从不同角度展现着护法、降魔、地狱等内容。

都说佛无定相，神佛在乃琼寺壁画中的表现形式也是丰富多样的，绘制手法海纳百川。行走在大殿之中，观摩着一幅幅令人心生敬畏的壁画，仿佛看到的不仅仅是乃琼寺一处壁画，而是已饱览了世界各地的佛教壁画。

武士戴盔披甲，持矛盾骑骏马，矛指苍穹、盾护胸前，威风八面；密承佛像与度母像又与印度传统佛教艺术风格一脉相承，举手投足间均尽显恢宏气派；白哈尔神三头六臂，腰围兽皮，人头项链挂于项上，怒目圆睁盘坐于绿鬃狮上，两手持弓，四手分别握持着刀、剑、钩、杖四种兵器，宗教的威严被一条条细腻的笔触表现得淋漓尽致……

且不论乃琼寺壁画的珍贵与细致，光是那多样的壁画背景便足以使人沉醉其中。巨大的视觉张力仿佛使众神立于人前，让人仿佛置身于一片深邃宏远的虚空中。在细细聆听各种远古故事的同时，也令人有一种自身存在于高天厚土间的渺小与无力之感。

任何一种艺术形式的发展都不是一蹴而就的，乃琼寺壁画从无到有的过程更是历经了漫漫长途，从吐蕃时期的信仰雏形算起，经过了10个世纪左右才有了现在的规模。千年的风云变幻沉淀了时间、刻画了历史，也足以温暖文化的体温。

乃琼寺壁画中的每一处着色和技法，无不蕴含着远古绘画艺术的密码。火红的烈焰、青色的龙鳞、上挑的白眉等画中元素，在纯黑色的背景下，呈现出一种如浮雕般的立体视觉感；青绿色山水与浓厚的底色图层所代表的新勉塘画派的风格，又着实令人惊艳。

在踏足乃琼寺之前，谁能想到这样一个不起眼的小小寺庙，内里却另有一番新天地。迈出乃琼寺的大门，院落中藏香的味道仍存留在身体里，壁画中满堂神佛的威严样貌也仍在脑海中难以挥去。

但是，眼前出现的景致又立即将人们拉回到现实之中：潺潺流水从山间蜿蜒，白杨伫立其间，静谧而不失庄严。偶然微风轻抚，三五黄叶缓缓落下，落在清澈的溪水上，如若无物。

细细想来，任世间大千名画尽收眼底，也无法描绘出此时此刻的安宁，这是心的静谧，灵的祥和。

第四章
除了等身像，更有前世的牵挂

千百年前，尊尊佛陀的福泽降临在高原之上，这无上寄予，是千年的虔诚守候，也是高原人民心中的归宿。这一刻，在佛陀面前双手合十，倾听穿越千年的智慧。

● 12 岁的他，闪闪发光 1300 年 ●

任何一座城市，都有一份属于自己的灵魂与源头，一些在皮相之中掩盖，一些在器物之中传承。于拉萨来讲，这份灵魂毋庸置疑属于它——那尊静静端坐在大昭寺内的佛陀 12 岁等身像。

这是拉萨绝不会遗落在时空角落里的存在，甚至拉萨的名字，也因为这尊佛像的存在，由"吉雪卧塘"而改为了"拉萨"，意为"神仙居住的地方"。

《大藏经》中，这尊佛陀 12 岁等身像被称为"觉沃仁波切"。"觉沃"意为至尊，"仁波切"意为珍宝，即师尊大宝之意，象征着人们见到这尊佛陀 12 岁等身像，便如同见到佛陀本人一般。因此，无数信徒都如同寻根归源一般，一辈子无论如何，都要跨越万水千山与佛陀相遇。

这样的情愫在西藏人民心中无比坚毅纯净，就像五湖四海的涓流汇聚，终将纳入川海；地上的露水，终将被太阳升腾成云雾。

你或许无法料到，当年的佛陀大智开明，在世时一直坚决主张不立寺供像，要不是世人请求，我们甚至无法见到这尊珍贵的等身像。

圣者曼殊室利曾对佛陀说："世尊您住世的时候，我们能眼看佛容，耳听佛语，心有所皈依；如果祖师涅槃离世，一切有情将依止何处呢？"

佛陀怜悯世人，随即应许造像，但他只同意留住自己 8 岁、12 岁、25 岁的模样，并亲自绘图、开光。因此，世间仅存三尊佛祖等身像，其中又数 12 岁鎏金铜像最为精美与尊贵。

在这三尊珍贵异常的佛像完成后不久,佛陀便坐化而去。这些被佛陀亲自开光的等身像,便成为他留给世人无尽的财富和指引。而大昭寺内的这尊佛陀12岁等身像和拉萨的故事,还要再经历一些波折。

《西藏王统记》生动形象地记载了有关故事。

那是印度法王达磨波罗在位的时代,彼时中国的前秦皇帝苻坚为了弘扬华夏的佛法,主动与其交好,送了三件无价之宝给达磨波罗。收到礼物的达磨波罗为了两国友好,毅然割爱,决心将国宝佛陀12岁等身像送往中国。

当达磨波罗和大臣走入神殿看到佛陀12岁等身的时候,他们惊奇地发现那尊圣像不知什么时候,竟然自己面向了东方。

达磨波罗心头一震,心想:"啊!原来佛像早已心向中华了。"于是他更感欢喜,立即造巨船,遣乐队,布置好一切后,便将这尊佛像送往了东方汉土。至此,关于这尊佛陀12岁等身像的故事,开始由中华民族书写。

千年前,文成公主入藏,一路艰辛跋涉,终于到了高原之上。然而那时的拉萨,还只是一大片由拉萨河常年冲积而成的平原,甚至连如今大昭寺的所在之地,也不过是一片名叫"卧塘湖"的天然湖泊,就更不用提小昭寺——那片"卧塘湖"北岸的沼泽湿地了。

在这片不起眼的沼泽地里,文成公主遇到了麻烦,车队中载着佛陀12岁等身像的木车像被施了魔法一样,陷入了湿地,无论怎样拉扯都无法前行。

无可奈何的众人只好在其四周立柱,覆盖白绸供养佛陀12岁等身像。这里,便是日后小昭寺的位置。后来,在金城公主入藏后不久,此像便与供奉于大昭寺的佛陀8岁等身像互换了位置,直到今天。

初入大昭寺的你,或许会觉得这尊佛陀12岁等身像有些"成熟",这其实是历朝历代的贴金使佛像仿佛"长大了""胖了",因此,佛陀看上去并不止12岁的样子。而且,如今的佛陀12岁等身像,已经是经过千百年供奉的"版本"。在这尊佛像上,不仅有自唐代起就被披戴在上面的天珠圣装,还有无数的其他各代的诸如珍珠、玛瑙、绿松石、珊瑚等精美的珍宝被镶嵌其上,在佛冠上,更是被镶嵌了一颗极为罕见的九眼天珠。

于西藏人民的心中,这尊佛陀12岁等身像是大昭寺的主神,是藏传佛教的根基与精魄凝聚。无数的信众愿意为此从千里之外跋山涉水,以自己的一体之躯丈量朝圣之路,只为了能叩倒在心中的信仰之下。

这不仅仅是因为佛像的历史价值和文物价值，更是因为这尊佛像所代表的意义。它和千年前佛陀的真容没有任何区别。所有人都相信，如果有幸得见圣像，即能种下"见解脱"的因缘，将来必定能够去除三毒之苦，成就佛道。

千年前的故事，如今已洗尽铅华，当我们走进大昭寺，将自己的凡身肉体置于佛像面前时，我们所能感受到的，绝不仅仅是眼前那雍容华贵、高高在上、似乎并没有温度的神佛雕像。它似乎具有一种无形的力量，能让你的内心倍感安宁并使你沉寂其中。

在这份带着藏香气味的安宁沉寂中，我们得以聆听到一阵跨越了尘世喧嚣的轻声呼唤，它不停地轻叩着我们的心房。我们的心智因此得以充盈，我们的忧伤因此得以抚慰。这是佛陀12岁等身像赐予我们的力量，也是拉萨这座城市的永恒魅力。

● 从吐蕃时代开始，心便有所安 ●

每当你面对拉萨梦幻般的千山万水，并被这份珍稀与恢宏的景象感动时，拉萨就会像一位圣人的吐息，让你闻风而动。在回首间，你会发觉那蕴含在苍茫大地中的珍宝闪耀着夺目的光辉。如果将拉萨这位圣人的形象落于俗世，那么大小昭寺中的佛陀等身像，便是最为直观的真身。

思绪落地于此，便不可不提那位曾在岁月中留下无数痕迹的伟大赞普——松赞干布，这位英豪除了那些众人皆知的传奇，还少不了与文成公主、尺尊公主有关的美名嘉誉。

但世人只知文成公主，却极少听闻那位泥婆罗的公主——尺尊公主的故事。殊不知，如今正端坐于小昭寺中的释迦牟尼佛8岁等身像，便是这位被称为观音菩萨两滴度母泪之一的尺尊公主，为当年出嫁吐蕃带来的嫁妆。

公元7世纪时，松赞干布在一统吐蕃后，向当时的泥婆罗国王鸯输伐摩请求通婚，而通婚的对象，正是尺尊公主。起初，鸯输伐摩并不愿意将女儿远嫁吐蕃，但在看到松赞干布的诚意之后，最终答应了松赞干布的请求，并以佛像、金银器、丝绸等物为陪嫁品与尺尊公主一起来到吐蕃。

在尺尊公主的众多嫁妆中，要数那尊释迦牟尼佛8岁等身像最为珍贵。

这尊佛陀像的意义非凡，自从它被尺尊公主带入拉萨后，不仅成了整个西藏地区第一尊释迦牟尼佛的等身像，更成了高原大地上佛教标志性的符号。它的出现，使西藏地区的佛教从幼苗生长出了枝叶，它也因此成了见证其发展壮大的活历史。

如果要追溯起这尊佛像的历史源头，就要讲到一个传说故事了。

相传，这一尊释迦牟尼8岁等身像，最初由波斯匿王供养，直到后来被龙王"目支邻陀"迎请到了龙地，这一请，便是两千年的光阴。后来尼泊尔国王哈蓝，借助"比丘喜昧达曲巴德"与"堪布伽尔仙姆"两位尊者的神通，得知释迦牟尼8岁等身像在龙王那里，遂派出二人前往索宝。

此时的龙王"目支邻陀"恰巧正病魔缠身，一筹莫展，神通广大的两位尊者便用法力医好了龙王的顽疾，并顺理成章地得到了龙王作为答谢的礼物——释迦牟尼8岁等身像。据说，龙王还与两位尊者约定，待到尘世佛法衰微之时，便是佛像被请回龙地之日，而彼时人间的所有供奉，也都将一并归于龙地。

就这样，这尊释迦牟尼8岁等身像，便被两位尊者从遥不可及的龙地请到了尘世之中。缥缈的故事成了现实，释迦牟尼8岁等身像，也在流淌的岁月中，再次跨越千山万水，随着尺尊公主一同入藏，展开了它指引万千信徒的传奇。

据说，吐蕃在当年时局动荡之时，曾将释迦牟尼12岁等身像藏于大昭寺的石壁内，但在慌乱之中并没来得及将8岁等身像一并藏起，导致这尊8岁等身像在被运走半日之后才得以夺回。

后来，金城公主进藏之后，那尊被藏于石壁中的释迦牟尼12岁等身像才得以重见天日，两尊佛陀等身像这时才能够齐聚。

随后，金城公主将这尊原本供奉在小昭寺中的佛陀12岁等身像留在了大昭寺，而将尺尊公主带来的释迦牟尼8等身像迎入了小昭寺，从此两尊佛像便易寺而居，成就了悠悠藏传佛教的绵延聚集之地。

如今踏入小昭寺内，你或许还能感受到那份前尘往事的迎面相拥。我们之所以能在这里见到它，不仅仅是松赞干布的努力，更是无数信仰的护法延续。

凝望着眼前的释迦牟尼8岁等身像，想起那些遥远而神秘的传说，心中竟然莫名地震动。佛陀与现世的我们，在遥遥相望中相守相依。这佛陀无上的加持，就是我们虔心所依的轮回。

● 神幻之影，每一次看都是热爱 ●

滚滚时光如洪流般滔滔不尽，冲刷着万事万物。人类的文明有如岁月年轮的镌刻者，竭力在生命的长度中刻下痕迹，或经文，或壁画，或誓言，或雕梁画栋。在拉萨这片热土上，一丝精魄幻化的芬芳，飘然而成大昭寺中的立柱飞檐，期待着世人目光的触碰。

前往拉萨的游客，不会错过有关于大昭寺的一切。与其说是大昭寺里的无上瑰宝令人欣然前往，倒不如说大昭寺这座千年古寺，本身就是艺术。

踏入古寺，你第一眼看到的一定不会是端坐其中的佛陀与满壁传奇的绘画。那巧夺天工、雕刻出无数艺术形态的殿门、廊柱、门额……必定会久久吸引住你的目光。这些看似平凡的寺庙构件，早已成为大昭寺骨骼筋脉般的存在，同时，也在很大程度上凝聚着西藏木雕艺术的精髓。

站在大昭寺中心佛殿向外看去，内院正中的天井与立柱回廊两相隔绝，整个寺庙由此形成了上下左右相互对称的方形建筑。

行走其中，古朴沧桑的气息浸染着你的身心，无数游人在虔心朝拜的途中，或许会在匆忙之间忽略了木雕艺术的身影。但是，那些不经意间被人们忽略的景象，却在默然间支撑起了整个大昭寺的建筑。

步入长廊，廊柱的金刚橛造型尤为抢眼，三段柱身被劈成了不同形状的八角断面，中间的八角与下面的方形结构上刻满了浮雕，花叶、珍宝、重层仰莲、人物……你能想到的一切有关于拉萨符号性的代表事物，都可以在这里眼见为实。

浮雕的立体感和细节都可谓巧夺天工，即便是作为托面的圆形块面与拱形托木，也都雕刻着精美的纹饰。更为精巧的是，在每个托木的枋、椽之上，卧着108只形态各异的木质狮子。个别卧狮的造型神似狮身人面像，在它们的胸前都有一个悬着圆镜的铃圈。繁复高绝的木雕工艺，自然也使这一处的景观成了大昭寺中不可复制的藏式木雕工艺的代表。

此处的风光，唯有静下心来方能细细体味。那布满因缘故事与飞天力士的木雕飞檐，犹如千年的灵魂复活，竭力倾诉着大昭寺中的万种风情。一根根廊柱重叠，一尊尊飞檐走兽相映，让人不禁唏嘘古人的智慧，也忧心现世的传承，幸而匠人们薪火相传、从未断绝，才使得藏式木雕这门技艺后继有人。

如今已经60岁的旺堆老人，正是西藏自治区级非物质文化遗产藏式木雕技艺传承人。虽然已经到了耳顺之年，但旺堆老人依然奋斗在文物修复的第一线。

老人在年少时便对藏式木雕艺术情有独钟，或许是冥冥之中的指引，18岁的他正式入行学习木雕技艺，这一学，便是一辈子。

旺堆老人平日工作的地方，是位于八廓街附近的拉萨"骨灰级"的古建筑维修民族手工艺企业。手握刻刀，面对木头缝缝补补、敲敲打打，便是旺堆老人的工作内容，但这看似简单到不能再简单的事情，却包含着极为复杂的工序和只可意会的"手头上的功夫"。

旺堆老人手上，至今还留有两道伤痕，其中大拇指上的伤痕曾缝了11针之多，那是在修护布达拉宫中的木雕时留下的。随着时光的逝去，昔日的伤痕已经不再疼痛，但那印记却成了记载老人技艺的勋章。

在旺堆老人的眼中，藏式木雕最为精妙的所在并非那精美的花纹、装饰，而在于木雕作品的材料质地。在如今的大部分藏式木雕中，杨木是最常用的原料，有些作品也会用到柳木与较为珍贵、难得的檀香木。每一件木雕作品，都要经过砍毛坯、刻线条、挖空等一系列工序，才能使一块平平无奇，甚至有些丑陋的原木，幻化成一个个鲜活的形象。

常言说，"工欲善其事，必先利其器"。多年来，旺堆老人始终恪守着匠人的本心，即便已经成为西藏自治区的名人，他仍然坚持自己制作刻刀。

老人常说，刻刀是雕刻的灵魂，不同的刻刀有不同的力道，只有选对了工具，才能使雕刻出的作品呈现出不一样的形态。况且，自己打磨刀具的过程，也是他和那些看似冰冷的材料培养感情的过程。

以前，藏式木雕只出现在极少数寺庙和一些豪门贵族的建筑上，而如今，随着时代的进步与发展，这种西藏所独有的雕刻形式早已不是少数人的专利，"旧时王谢堂前燕"，如今已经"飞入寻常百姓家"。如果你有幸受邀前往藏族同胞的家中做客，你会发现每一户普通的家庭都是一座座微型藏式木雕的民间博物馆。

木雕艺术已经融入了藏族同胞的生活点滴之中，色彩艳丽的藏桌、藏柜，以及雕花的门窗楼栏，都能让你一饱眼福。千年前的生息与文明，如今正近

在咫尺，一丝刀工的质朴，一抹色彩的精妙，面对这难能可贵的神幻之影，又有谁能够割舍那份心头的悸动？

● 你们好啊，法王洞里的各位 ●

双脚踏在布达拉宫古老的砖瓦上，随着脚步与拉萨的土地越发亲近，你便会发觉这片热土上的故事，从不需要那么多浮华的外物陪衬，便能自显珍贵。

这里的每一尊佛像、每一墙壁画、每一盏油灯……皆有岁月的加持，哪怕是在一方小小的洞穴中，也同样蕴藏着乾坤。它，就是声名赫赫的法王洞。

如果将布达拉宫的那些指示索引全部去掉，你大概很难找寻到法王洞的位置。它作为深藏在布达拉宫中的"秘密"——松赞干布曾经的修行之地，拥有着得天独厚的地理位置。法王洞既占据着布达拉宫最中心的位置，同时又在红山之巅的岩洞中，久避世人，安然度过了烽火岁月。

来到法王洞，如果不事先做些功课，你一定会感到惊讶，因为这方在藏传佛教中有着崇高地位的圣地，如果单从面积来看，只不过是一处仅有30多平方米的"小地方"而已。相比起布达拉宫中最大的殿堂——五世达赖喇嘛灵塔殿，法王洞的大小只有它的二十分之一。但是，在这狭小的法王洞中，你却能与西藏历史中的诸位"大人物"齐聚一堂。

走入被香火缭绕着的法王洞中，在那不大的空间里，端坐着满满的藏族名人塑像，只需一眼，你便能从中分辨出声名显赫的松赞干布。早在17世纪时，松赞干布的塑像便在这里守望着他的子民了。

松赞干布的这尊最为英俊的彩色塑像，身穿彰显高贵地位的长袍，头戴黄绸巾筒帽，留着细长的八字胡，筒帽的上部还露着无量光佛的小头像，尊贵雍容尽显。

沿着松赞干布彩塑的左侧看去，是大名鼎鼎的文成公主和来自泥婆罗的尺尊公主，两位公主的塑像同样色彩鲜艳、神情饱满。

文成公主的双手斜插在袖筒中，身上穿着蓝色的丝绸袍服，头戴后冠；尺尊公主则双手合十，身上穿着橙黄色的丝绸袍服，头上戴着桔红色的妃帽。

这两位端坐着的公主，就如传说中的那样，化身为解救西藏百姓疾苦的两位菩萨度母，为西藏的未来添福加持。

在法王洞中看到文成公主，势必会想到另一位缔结汉藏两族友好交流的使者——禄东赞。只见这位被藏族人民称为"吐蕃诸葛"的大臣，穿着红色的官袍，头上戴着黄筒帽，在他的两臂与膝盖上盖着一块毯子。他的左手空悬着，右手则呈现出"掐算"的姿势，像是在为吐蕃保驾护航。

环顾法王洞，你会发现，能跻身其中的塑像，除了在历史上声名显赫的王族亲贵，还有一尊身着红色袍服、头戴金色官帽、手捧藏文书籍的塑像。他就是被称为"藏文之父"的吞弥·桑布扎。

松赞干布统一吐蕃后，深感一个民族没有自己文字的痛苦，于是精挑细选了 16 名贵族青年，跨越千山万水，去往天竺学习梵文。在这 16 位青年中，便有吞弥·桑布扎的身影。

去往异国他乡的艰辛与磨难，远不止千里迢迢。天竺不同于高原的气候水土，使得与吞弥·桑布扎同行的 15 人都客死他乡，再也没能返回吐蕃，留下来的只有吞弥·桑布扎一人。他克服了重重困难，最终求得真学，满载而归。

回到吐蕃后，吞弥·桑布扎结合藏语特点，以梵文为基础，创制了藏文。他的这项创造，成就了西藏文化的开缘和发展，他不仅让藏族人民第一次拥有了属于自己的文字，还完成了《文法根本三十颂》的编撰，翻译出了 20 多种佛经。藏族人民的精神内核以及文化，得以用本民族的文字传承和释放，藏族的历史也由此走入了全新的时代。

一隅小小的法王洞，在历史的轴线上，聚集着由各位历史名人书写而成的耀眼标点，这些成就，都塑在一尊尊彩色泥人塑像中，附着在他们的眉眼与衣衫间。

走出法王洞，那些历历在目的彩塑人像如同电影般在脑海中忽闪而过，你可能再也无法遇到能如"集邮"般将这些千古名人集中呈现的地方。栩栩如生的塑像，真诚地向你表露着心声，当你在听闻了他们的传奇后，或许会由衷地说上一声："你好啊，法王洞里的各位。"

第五章
石碑上誓言无伤，勾住过往

杀伐的气息，随历史的车轮滚滚而去，无数英魂在此相聚，成为中华民族的传奇。那石碑上的故事，不是镌刻的永恒，而是一片丹心。

● 唐蕃会盟碑，刻着团结的真谛 ●

如果说，是文成公主入藏的一抹喜色，揭开了汉藏两族之间正式友好交流的帷幕，那么，大昭寺前矗立的那块布满碑文的"唐蕃会盟碑"，便是汉藏血亲之间千丝万缕情谊的见证者。

揭开尘封的岁月，千年前的拉萨，一座雄伟宫殿中正举行着一场盛大的宴会。这是一场贵族内部的周岁庆生宴，在表面的喜庆风光之下，却是遮掩不住的剑拔弩张。两伙人的焦点，都汇聚在了一个男孩的身上。此时，他正举着酒杯，在众人的瞩目与呼唤中，一步步向着抉择走去。

这一幕，正是"唐蕃会盟碑"上提及的"甥舅会盟"，而那个男孩，正是有些史书记载的赤祖德赞与金城公主的孩子赤松德赞——吐蕃赞普的正统继承人。此刻，他就要在众目睽睽之下，戳破阴谋和谎言，与自己的血亲舅舅相认。而赤松德赞所做出的决定，注定要成为影响唐蕃关系的重要契机。

大殿中，时间仿佛凝固在了那一刻。与两边正不安呼唤的人群不同，小赤松德赞的内心，早已坚定地给出了答案。他无视那些七嘴八舌、上蹿下跳的人们，径直地走到生身母亲金城公主的身边，缓缓举起了手中的酒杯。

他鄙夷地望着那一张张因为阴谋不能得逞而失望的脸，坚定地说："我，赤松德赞，是汉家的好外甥，那囊家的人怎能当舅舅！"说罢，便将那杯酒轻放在汉族亲友颤抖的手中，投入了亲"舅舅"的怀中。

那一刻，金城公主与他喜极而泣，赤松德赞，她的孩子，大唐的血脉，回来了。

"大唐文武孝德皇帝与大蕃圣神赞普舅甥二主商议社稷如一，结立大和盟约，永无沦替，神人俱以证知，世世代代使其称赞，是以盟文节目题之于碑也。"在"唐蕃会盟碑"的向阳面，篆刻着如此的话语。这块由大唐与吐蕃共同奠基的石碑上，演绎着永恒的汉藏之情，而这一切的表露，其实早有渊源。

公元704年，第四任吐蕃赞普赤祖德赞继位，具有政治头脑的他，深刻地认识到与大唐联姻为吐蕃带来的裨益，于是，他也仿照先祖松赞干布的方式，遣使长安以求联姻。在他不懈的努力下，联姻的请求终于得到了唐中宗的首肯，他将迎娶金城公主入藏。

为此，赤祖德赞主动向唐使说："外甥是先皇帝舅宿亲，又蒙降金城公主，遂合同为一家，天下百姓，普皆安乐。"他也收到了唐朝政府这样的回应："国家与吐蕃代为舅甥，日修邻好，本同一家。"

相传，金城公主在入藏后诞下一子，赤祖德赞的妃子囊妃见此便心生歹念，想要将金城公主的孩子强行抱养，还欲混淆视听，将金城公主的孩子说成是自己的血肉。直到赤松德赞周岁"认亲",才使得自己与金城公主骨肉团圆。

这段往事,让唐蕃会盟碑也被称为"甥舅会盟碑",大唐与吐蕃的这种"甥舅关系",无不被历代汉藏人民交口称赞。

迄今,唐蕃会盟碑已然经历了近1200年的风霜雨雪,碑文两面篆刻的汉藏文字依然清晰可辨,只要行至大昭寺的门前,你就能领略到这块石碑的沧桑风采。

石碑由天然的石头打磨而成,由碑首、碑身和碑座三部分组成。碑身约有4.83米高,宽度和厚度分别为0.96米和0.51米。碑身向阳面上的碑文是依据王尧的《唐蕃会盟碑疏释》一文篆刻而成的汉文,碑身的背阴面则全部刻着藏文。碑文的内容表达着唐蕃友好的见证与盟誓,唐蕃会盟碑是中央政府与西藏人民团结友好的信物。

看着眼前如此完好的石碑,你或许不曾想到,在早年间由于一直暴露在风尘之中受世人顶礼,这块石碑经常被虔诚的信徒或游客用酥油涂抹,甚至会被贴上钱币以表达诚心。

这些行为使得石碑"面目全非",游人往往见不到镌刻其上的文字全貌,并且由于风沙与地壳的变动,如今清晰可见的底部石龟被深深地埋在了土里,踪影全无,十分影响游人的参观和文物的保护。

现在,有赖于拉萨市政府开展的文物保护工作,"唐蕃会盟碑"已经被清理围护了起来,不论是石碑本身还是其上的碑文,都恢复了清晰完整的本色,能让远行而来的游人们一饱眼福。

2018年7月27日,李克强总理在西藏考察工作时,来到了大昭寺前,他站在"唐蕃会盟碑"旁,问围拢在他身旁的游客们:"你们知道,这块石碑是什么碑吗?"人们高声回答:"唐蕃会盟碑!"总理说,这块石碑已经在这里立了千年之久,他希望我国各族人民大团结,就像唐蕃会盟碑一样,屹立千年、坚如磐石。

世人皆晓,人间最为真挚的情谊,便是骨血亲情。在千年前的高原之上,汉藏两族之间的情谊,已经突破了那血浓于水的界限,成就了唐蕃友好的历史。现在,那块屹立于大昭寺前的不倒丰碑,不仅仅是"甥舅认亲"的见证,更是千年流转的中华血脉。

● 尘与土，阻挡不了平乱的决心 ●

在炎黄子孙的血脉里，每每遇到国之大难，便会有英雄挺身而出。他们为了心中大义，为了国家人民，征战沙场，挥洒热血，用生命筑起国家安定的坚实高墙。

在拉萨大昭寺东北处的通司岗上，"双忠祠碑"已屹立300年，此处，铭刻着两缕英魂的归宿。他们将自己的身躯热血，挥洒在了这片土地之上。"双忠祠碑"是为纪念富察·傅清与董鄂·拉布敦两位英雄而立的石碑。古老的碑文上，并非仅仅记录着历史的点滴，它的镌刻伫立，还饱含着赤诚忠心的爱国热血。

乾隆十二年（1747）的西藏，配合驻藏大臣共同治理西藏的颇罗鼐郡王病故，理应继承爵位的长子珠尔默特策布登，却没有成为爵位的继承人。在颇罗鼐的主张下，他的次子——珠尔默特那木札勒继承了权柄。

继任后的珠尔默特那木札勒，并不打算如他的父亲一样与中央交好。他野心勃勃，阴谋叛乱，刚一继任，就拒绝了位高权重人士对父亲的吊唁，险些引发冲突，幸亏有驻藏大臣傅清规劝，才让西藏拥有了片刻的安宁。

好景不长，不久后傅清被召回京，驻藏大臣的职位由拉布敦接替。在这段时间内，珠尔默特那木札勒向中央请求撤留藏兵，得到了乾隆帝的应允。不久后，拉布敦也被调离，副都统纪山成为新一任驻藏大臣。

或许没人能想到，从此之后，西藏的命运便走向了危险和阴暗。

新任驻藏大臣纪山，为了满足一己私欲，转而谄媚珠尔默特那木札勒，不仅纵容他肆意妄为，还曲意逢迎，将兵丁组成戏班，终日载歌载舞。甚至还和他私自盟誓，使得珠尔默特那木札勒的谋逆之心与日俱增。

两年后，远在京城的乾隆帝收到了纪山的一纸奏疏，上面以珠尔默特那木札勒与达赖喇嘛不和为由，请求皇帝下令将达赖喇嘛移至泰宁。深知珠尔默特那木札勒反心益盛的乾隆帝，一眼就识破了其中的端倪，立即准备派人入藏打探虚实。考虑到满朝文武中，只有傅清"从前曾经在藏，彼此事体谅属稔知"，于是，乾隆帝紧急命傅清重返西藏，并授予他都统衔。

一波未平一波又起，还没等傅清入藏，纪山就再次上疏，奏折中表明：珠尔默特那木札勒说他的兄长珠尔默特策布登将举兵攻打他。乾隆帝命傅清在途中调查一下此事的虚实。

　　熟悉西藏情况的傅清很快得到了情报，他在奏疏中说："珠尔默特策布登未尝构兵，特珠尔默特那木札勒妄言，藉以夺其兄分地。臣至藏，即将珠尔默特那木札勒惩治。"一切的污蔑之词，皆是珠尔默特那木札勒企图争夺封地的借口。与此同时，傅清再次在奏疏中向乾隆帝表明了将亲惩叛臣的决心。

　　为了协助傅清的工作，皇帝再次命拉布敦代替纪山为驻藏大臣，让他与傅清双双入藏，查明珠尔默特那木札勒谋反的证据。

　　乾隆十五年（1750），傅清与拉布敦先后到达西藏，此刻西藏的局势已剑拔弩张，珠尔默特那木札勒的狼子野心已经昭然若揭，他不仅设计杀死了他的兄长珠尔默特策布登，还同时遣使勾结准噶尔，企图联合反叛朝廷。

　　傅清、拉布敦经过周密的调查，发现珠尔默特那木扎勒的阴谋越发清晰。他不仅铲除了异己，更有调动士兵、搬运炮位的举动，甚至以演练为由，暗中集结了重兵，而且切断了西藏与中原的通讯，"绝塘汛，军书不得达"。

在这西藏生死存亡之际，傅清、拉布敦在将情报奏明朝廷的同时，还商议着应对之策。二人清楚地知道，战机瞬息万变，如静待大军到达，恐怕珠尔默特那木札勒早已羽翼丰满，到时再与之交战，不仅百姓遭殃，而且胜负难料。倒不如他们两人舍生取义，设计刺杀珠尔默特那木札勒，为后到的大军铺路。

这是一个玉石俱焚的办法。乾隆十五年（1750）十月十三日凌晨四时许，傅清、拉布敦以宣读皇上诏书的名义，将珠尔默特那木札勒召到通司岗驻藏大臣的衙署。早就将西藏视为囊中之物的珠尔默特那木札勒，骄横自大，只带少许随从便来到了衙署。傅清与拉布敦在他上楼后，抽掉梯子，切断了他的后路。

而后，拉布敦假意宣读乾隆帝的诏书，迫使珠尔默特那木札勒下跪，傅清则看准时机，一刀将其斩首。二人行事果断，一瞬间就将珠尔默特那木札勒了结。但是，却没能来得及杀掉他的随从，让其侥幸逃脱通风报信。

很快，贼人的千名士兵到达衙署，他们发枪炮，毁房屋，见人就杀，并将傅清、拉布敦二人重重包围在驻藏大臣衙门之内。一心忠烈、已无牵挂的傅清，挥剑自刎而死，拉布敦抱其尸痛哭良久后，毅然如猛虎般持刀从楼上一跃而下，决心战死沙场。在杀敌数十人后，拉布敦身受重伤，倒地而亡。

为了实现西藏时局的安定，傅清、拉布敦二人在完成了自己的使命后，仍如飞蛾扑火般，将自己赤诚忠烈的生命奉献在了这片高原之地上。

傅清与拉布敦殉职后，由皇帝下令，在通司岗上为他们立祠。这场灾难的创伤，被无数英魂的鲜血洗礼净化，而那块双忠祠碑，则成为这场风波的见证与印刻。

许多历史事实告诉我们，苦难才是人们的常态，幸福只是被遮住的偶然。而今，无数如双忠祠英魂一样的英雄们，挺身而出，成为矗立在我们前面的人。

是他们遮住了苦难的投射，使得我们在这纷繁错杂的世界中得以见证幸福。因此，假如有一天，当我们的祖国需要我们，请义无反顾继承这份血脉的召唤，到鲜红血液中去，成为其中最微小，但也是其中最为强大而坚定的力量。

● 深情厚意，用在最珍贵的生命上 ●

人们常说，只有见过山河，才会了解涓滴渺小；只有见过蝼蚁，才会感叹生命顽强，而若想明白人生无常，只有见过痛苦疾病、生离死别，方知人之无力，洪荒浩渺。

物竞天择，人世间万事万物的种种生机，哪怕是在科技发达的现今，也在疾病与灾难前，显得苍白无力。人类唯有不断地探索和尝试，才可能在这无常的世界中搏得一线生存。

几百年前，在高原古城，也曾有着令人闻风丧胆的病魔肆虐盘桓，它折磨着西藏百姓的性命，直到清朝驻藏办事大臣和琳出现，才让这肆虐了整个高原的天花得到了遏制。

大昭寺前，劝人恤出痘碑"镇压"着的苦难历史，陈情着一切的过往，那是不堪回首的往事，更是汉藏之间血肉情谊的见证。

乾隆五十九年（1794）三月，一块落成在大昭寺前的石碑，无声地宣告着一段历史的终结。那折磨了西藏无数个日夜的天花，从劝人恤出痘碑矗立在大昭寺前的那刻起，就成了一段不再上演的尘封历史。

在那个科技不甚发达的岁月中，天花这种横行于世的古老瘟疫，夺走了无数人的生命。而作为世界上拥有辉煌文明的古老国度——中国，早在10世纪时，就已在无数次尝试与探索中，找寻到了解决天花的方法——"人痘接种术"。

据史书记载，始于唐朝的种痘技术虽然发端较早，但一直仅限于民间秘术之流，无法得到推广。直到清朝时，曾经患过天花的康熙皇帝执政后，这一造福世人的医学手段，才得以面向世人。但是，长路漫漫、山高水阻，雪域高原之上的西藏人民，还无法掌握这种先进的技术治病救人。这种烈性传染疾病，仍旧在西藏百姓之中肆意传播。

初患天花时，人体并不会显现出任何症状，直到出现头疼、发烧、反胃、背痛等一系列症状后，才开始在身体、面部出现块状天花红疹。而这时，令人发指的病魔，已经张开了血口，开始吞噬人类的生命。

几天之内，发病迅猛的瘟疫便会侵袭人的全身，身患其症的患者身体上会长满脓疱，而后变成一只浑身肿痛的怪物，苦不堪言。此后，只需要短短几天的时间，患者便会死去，药石无医。

这场灾难的蔓延，让无数家庭破碎，孩童成为孤儿。但是，这一切的不幸，都在清政府向西藏伸出援手后得到了遏制。那肆虐的瘟疫，终究被汉藏之间血浓于水的情谊打败。

清朝政府派出了总理西藏大小事务的大臣和琳解决此事，这位历史上有名贪官和珅的弟弟，完全不同于兄长的作风。他勤恳务实，忠心耿耿。战功无数的他，行事果断睿智，得到委任后，即刻斥资修建了大量的居住地，以供患病的西藏人民调养病情，并且无私地向藏族人民普及传授治疗天花的方法，让无数面临着家破人亡的西藏百姓，重新获得了健康幸福的生活。

和琳的这一慈悲与功绩，全部被西藏同胞铭记在心，而他做的还不止如此。古老的西藏有着无数陈旧的传统习俗，不同的信仰让藏族人民对于生死大事的认知与汉族不同。人死后，藏族人民会采用天葬、地葬、水葬等习俗。这些往生仪式，在当时的环境下，都极易成为瘟疫与疾病传播的温床。

和琳为了藏族百姓的福祉，不遗余力地推行土葬，这也成为当时遏制瘟疫发展的一大预防措施，最大限度地将天花病毒对人体的伤害，降到最低。

这些历史，如今全部都篆刻在了大昭寺前的劝人恤出痘碑上。但这块碑石，却与其他的纪念性碑石有着很大的不同。近前观望这块坐西朝东的石碑，就会发现，除了碑额上部竖排刻着的"永远遵行"四字篆书尚可清晰辨认，碑身上其他的汉文、藏文等镌刻较小的文字，全都都已"遍体鳞伤"，甚至有好多字迹已经完全无法读识了。

碑身上到处都是凹凸不平的坑痕，这些坑痕，并不是岁月风沙摧残的结果，而是无数西藏百姓心中虔诚的信仰所致。饱受天花之苦的西藏人民，坚信这块由和琳所立的战胜天花石碑，拥有着治疗百病的功效。因此，人们为了祈求福泽平安，便常常敲打碑身，并将其石屑取回家中入药。

世界上最后一名天花患者——索马里的阿里·马奥·马丁，在1977年10月26日被彻底治愈。3年后，世界卫生组织正式宣布，危害人类数千年之久的瘟疫——天花已经被人类根除。这也是人类在世界范围内，第一个成功消灭的传染病。而这一天，距离汉藏人民共同对抗天花病魔的岁月，晚了将近 200 年。

中华民族凝聚而成的力量，汇结成了矗立在大昭寺前的劝人恤出痘碑，如今，它仍以那种不平整的姿态静默地守望着未来。

纵观历史，劝人恤出痘碑的地位，或许并不足道，但它在人们不灭的生息繁衍中，却可以称之为一座丰碑。因为它象征着一次伟大的胜利，这胜利有你，有我，有无数中华儿女的血液和精神。

团结一致，众志成城，我们是中华民族，我们团结友爱、祸福同享。我们会用一双双来自五湖四海的手，铸造出一座座更坚实的国之丰碑。

第二篇

DI ER PIAN

贰 知识与技术——我愿沉醉在这长廊

每当深夜，仰视拉萨天空中的闪耀星辰，就如同窥探千年前的人们在此繁衍生息的秘密。

星辰变换之中，纤毫之间都指引着四时轮转。先辈们一步步的丈量与探索，化为了双手轻捻藏纸时的智慧魅力，字里行间，都是呕心沥血的文化传续。嗅闻空气中的药香飘逸，是"药王"的灵气，那化为剂剂良方的传奇，正在解救世人的苦疾。

如今，不杀生之水的传说依旧延续，吞弥·桑布扎留在人间的点滴过往，静静隐匿在那座故居，件件陶器的工匠心火，虔诚如斯的唐卡传奇，都在引燃你心中的追忆。

第一章
天地流转中，印刻四时之记

天地轮转的秘密，无言地袒露在拉萨的山川日月之中，俯仰天地之间，一份智慧油然而生，勘破了天地之间的灵气，成为孕育生机的力量。

● 这块石头，闪耀了 300 年 ●

墨竹工卡，藏语的意思是墨竹色青龙王居住的中间白地。或许是因为有了龙王的护佑，这片土地从诞生那刻起，就充满了神奇，让人流连忘返。这里是吐蕃赞普松赞干布的出生地，这里有850多年历史的直贡梯寺，这里有德仲温泉、日多温泉、思金神湖等享誉区内外的自然景观。此外，更令人感到神奇的是，这里有个天文台——一块石头，在墨竹工卡塘加乡的达普村闪耀了300年。

很多游客知晓这个高原小村，主要源于这里有座千年古寺达普寺。达普寺创建于1044年，由大殿、佛殿、僧舍三部分组成，主供佛是释迦牟尼佛。寺内供奉有许多珍贵的文物，除了释迦牟尼鎏金铜像，还有同样鎏金铜造的宗喀巴、米拉日巴像等。另有响铜铸造的菩提塔，据说该塔是释迦牟尼在菩提树下觉悟成佛后建造的，是极为珍贵的文物。而距离达普寺几十米远的半山上，便是达普天文历算台。

达普天文历算台至今已经有300年的历史，它由两部分组成：一部分是测光楼，一部分便是神奇的石头——测光石。这块石头本是埋在地下的，只在测量春播时间的时候才会被取出来。在测光楼西墙正中间的屋顶上方有一个日光出口，称为测光孔，测光孔与测光石的垂直距离约为29米。每年，当太阳光透过测光孔照到测光石，连成一条线的时候，就到了春耕的时节。

2009年8月，为了加强对重要文物遗迹的保护，拉萨市墨竹工卡县投入

50万元资金，对这座古天文台进行了保护性的修复。如今的天文台，以测光石为中心，增加了十二宫、二十七宿原纹造型大理石保护圈，更为直观地展示天文历算关系。

说到达普天文历算台，就有必要说说藏族的历法。藏历和农历都是属于阴阳历的范畴，但各自属于不同的、独立完整的历法体系。藏历是在西藏原始物候历的基础上，吸收了多种历法的精华，形成的独特而科学的历算体系。历史上曾多次准确预报日食、月食等天文现象和各种自然灾害。

西藏最早的历法雏形，发源于古象雄王国的苯教，吐蕃建立后，松赞干布迎娶文成公主，文成公主带来了许多经书典籍，其中天文历算的书籍对原始藏历的完善和发展，起了重要的作用，同时，松赞干布通过尺尊公主，引进借鉴了印度的历法，进而融汇结合，到元代时形成了集天干、地支、五行合为一体的独特的历法。

到了19世纪，藏族历书的编定日趋完善，在这一过程中，达普天文历算台发挥了极为重要的作用，直到现在，西藏自治区藏医院天文历算研究院的研究人员每年都要到达普天文测光台去观测，以便制定新一年的藏历。

藏历在节气与季节划分上，不是采用简单的岁月平分法，而是依"日宿"（即太阳所在位置）定点进行推算，进而将数据与藏族地区各类鸟兽草木变化内容有机地结合起来，形成了独特的六季划分法，即春、后春、夏、秋、冬、后冬。这种划分方法，符合青藏高原大部分地域的气候特点。

西藏的天文历算作为西藏本地发展起来的自然学科，历史悠久，文献丰富，自成体系，是藏族人们在长期社会生活实践中创造出来的宝贵财富，千百年来在藏族人民的生产生活中起着重要作用，在藏民族优秀传统文化中最具代表性，而达普天文历算台便是这种代表性的集中体现。

拉萨这个神奇的地方，骄傲地拥有太多大自然的奥秘和美学，拥有太多藏民族智慧的成果和结晶。令人神往的高山草地、村庄院落、千年古寺，还有那些文明造就的伟大，隐藏着外人所不知道的诸多惊喜，需要我们用心去探寻。幸运的是，我们没有辜负这片高原，探寻到了少有人知的达普村，发现了它宛如少女般的内在魅力。

这座离县城7公里的小村，散发着古朴与静谧之美，站在天文历算台旁，往山下看，达普村尽收眼底。深吸一口气，新鲜的空气猛地扎进心扉，真是舒畅极了。在这个风景宜人的村落，天文历算台静静地立在那里，如同护法神一般，守护着藏族人民的农耕牧作，谷畜和谐，300年前是这样，300年后想必依然如此。

● 这个小本，维系着日常生活 ●

"天不言而四时行，地不语而百物生。"诗仙太白的一篇《上安州裴长史书》道明了天地万物之间密不可分的联系与规律。人应时而变、耕种五谷，方能繁衍生息。聪明的古人从万事万物中总结经验，编辑历法，让天地自然

的秘密化成一部部书籍，指引着人类的生产与生活。

西藏虽然地处偏远，但在这片土地上，也有着这样一本"奇书"，它无不详尽地指导着人民的播种、收割、节庆、出行。它让人们的生活井然有序，让智慧流传。它，就是每个藏族家庭中必不可少的——《西藏天文气象历书》。

2018年4月末，由众多专家编辑而成的《2019年西藏天文气象历书》进入了最后的校订工作。这本即将面世的西藏家庭工具书，由西藏自治区藏医院天文历算研究所的多位专家耗时两个月编写而成，之后又经过了两个月的后期校订工作，最终得以完成所有工作。整个编撰过程慎之又慎、一丝不苟。

为了让历书的内容不出错，至少需要3～4次的重复校订，而校订一次，就相当于再重新推算一遍，如此严谨的编撰过程，也直接表明了这本书的重要地位。《西藏天文气象历书》直接影响着无数藏族家庭的农事、节日庆祝、婚丧嫁娶等一系列日常事务。可以毫不夸张地说，这个小本，是藏族同胞生活生产的"刚需品"。

藏历，作为古老的历法，距今已有上千年的历史。它是善于发现与思考的藏族人民，在时间的长河中，从自然规律中揭开的秘密。现行藏历的单位使用"绕迥"来纪元和纪年，纪年时以60年为一个周期，每年各有一个相应的名称。

早在远古时代，西藏人民就发现了天地之间的变化规律。有些是从禽鸟的来去与植物的生长中获得经验，有些是在山川湖海云团星光中发现规律。古老的智慧被记录成词句，成了不朽的经验，流传千古，这便是藏历最开始的缩影。

在西藏历史中，更有无数灿烂辉煌的文明为藏历添砖加瓦。阿里地区的象雄文明中，敦巴辛绕和他的弟子们创造出了"虎豹鹏龙图案"，以及象雄语的星宿名称，直至今日仍在流传。善于"观象授时"的藏族先民们通过一系列的总结观察记录，确定了耕种牧作的最佳时机，为农业发展奠定了基础。但是，真正成文的历法诞生，则是在公元前100年左右的那段时期。

相传，在山南市的雍布拉康，有一位纺织老母，她在纺织氆氇的过程中注意观察了日月星辰的变化，从而总结出了日、星期、月的变化规律和奥妙，并形成了一本记录这些变化的书籍——《纺织老母月算》，这便是最早在青藏高原上产生的藏历——"物候历"。而后，随着文化的交流融合，藏族人民又引进了印度以及中原的历法演算方法，最终形成了自己的天文历算体系。

随着西藏人民关于天文历法的认识、演算逐渐增多，运算和记录的内容也变得复杂起来。智慧的西藏人民发明了一种名叫"萨雄木"的运算工具，这种在汉文中被称作"沙盘"的工具，是用核桃木制作而成，所有的运算过程都会在这个长方形的核桃木盘上进行。随着沙盘是可以重复利用的，因此，一个"萨雄木"便可以进行许多次复杂的历法演算。

藏历的内容随着藏族人民的代代完善，其实用指导作用愈发强大，藏族人民的生活也越来越离不开它了，于是在1916年，由十三世达赖喇嘛土登

嘉措设立的"门孜康"便应运而生。

藏语中,"门"是指藏医药,"孜"是指天文历算,而'康'则是院的意思,"门孜康"就是藏医院和天文院的"联名"机构。此外,十三世达赖喇嘛还颁布了《门孜康历书》,这本以《敏竹林历书》为蓝本的历书成了一本规范的藏族历法书。每年均以木刻版印制后向人民发行,也就是从这个时候起,藏历进入了有规范的"量产"时代。

相对于机构的设定,编写藏历更为关键之处在于观察搜集天文信息。历史上,西藏曾经有三处与众不同的天文观测台,其中两个位于拉萨市的尼木县以及墨竹工卡县,还有一个在山南市的羊卓雍措岛上。

这三个观测台特点不一,羊卓雍措岛上的观测台是利用观测荨麻草分叉的情况进行测算,另外两座观测台则是根据观测阳光照射的不同现象,进而搜集数据。由于时间的推移,眼下只有位于墨竹工卡县的达普天文观测台,还依然能够进行观测工作。

自1993年起,西藏电视台及西藏人民广播电台中播出的每日天气预报,便是西藏自治区藏医院天文历算研究所利用天文历算学原理推出的。这一预报不仅有着极高的准确率,而且也得到了西藏百姓们的普遍认同。

如今,随着时代的发展,传统的观测方法和沙盘演算过程,已无法满足西藏人民与时俱进的需要了。西藏自治区藏医院天文历算研究所所长银巴,是天文历算的非物质文化遗产传承人。即便是银巴这么一位有着资深历算水平的"高手",也不得不承认,虽然在沙盘上做数据演算是天文历算中最基本的工作,但是,推算出一整年的藏历,就意味着要进行无数次的重复计算和验证。如此做耗时长不说,还很容易出现错误。这一切的难题,如今都在政府的支持、科技的发展与西藏人民的智慧中,迎刃而解。

2001年,银巴和其他的专业人士开启了西藏万年历的编写工作。即便是在计算机技术已经高度发达的今时今日,编写《西藏万年历》的工作仍然不轻松。除了庞大复杂的几万页内容和数据的录入编排,编写《西藏万年历》更是考验细心和耐心的持久战。

西藏自治区藏医院天文历算研究所不遗余力,投入了40多人,前后进行了10次校对,才在2016年"门孜康"百年庆典之际,完成了《西藏万年历》的正式出版发行工作。这套多达4200多页、共424万多字的《西藏万年历》

一经发行，便得到了各方专家的一致好评，并且成了藏族农牧民同胞们的"居家必备书"。

时光荏苒，历经百年的拉萨"门孜康"薪火相传，焕发出蓬勃的生命力。在政府的支持下，西藏自治区藏医院天文历算研究所专门开设了培养天文历算研究人才的天文历算培训班。

截至 2009 年，该机构已经培养出了 42 名高学历、高业务水平的优秀人才，他们毫无例外地将成为西藏天文历算的新生力量。而面对广大对历算需求最为迫切的农牧民，研究所还开设了"业余学生"的培养班，并且不收任何学费，这一方式不仅造福了西藏人民，还培养出了 500 多名实用型人才。

曾经的西藏先民，在那科技并不发达的岁月中，从未逃避天地降下的苦难，他们用自己的智慧去发现创造，一点一滴地将经验积累成生存的宝藏，并沿用至今。这不仅仅是西藏人民智慧的结晶，更是一份对故乡的热爱。

这份浓烈的爱，支撑着他们在故乡耕耘繁衍，这一切成就的磊磊辉煌，都浓缩在这本《西藏天文气象历书》中。

● 《春牛图》，独特的藏历密码 ●

每当春风吹拂过西藏的寸寸厚土，高原之上沉睡的生机就会被唤醒。一年之计在于春，对于西藏人民而言，那属于春天的号角，便在一幅寓意深厚的《春牛图》之中。

在西藏，每家每户必不可少的《西藏天文气象历书》中，一定会有属于《春牛图》的一席之地。这幅图画源自汉历，经过不断模仿、繁衍、再生，已经在雪域高原落地生根，形成了自己独特的语言。这幅绘声绘色的图画，将一年的光景巧妙地融入其中，成为无数藏族人民岁岁年年的向导。

翻开 2019 年《西藏天文气象历书》，一幅颜色饱满的《春牛图》便映入眼帘。春牛、牧人，以及一条栩栩如生的飞龙，构成了《春牛图》丰富的画面和信息。这是每年西藏天文学家们观察演算而成的结晶，它隐含着西藏的降水、收成、劳作等与农牧民息息相关的信息，是西藏一整年的农耕风向标。

解读《春牛图》中实际寓意的过程，就好像是一场别有玄机的揭秘仪式，这是属于藏族的文化密码，西藏的农牧民们都深谙其道。

初看时，你会以为这只是一幅简单的藏式画作，有着丰富的色彩，从而很容易忽略画中的细节。而当你仔细端详时，你就会发现一切并不简单，闭着嘴巴的春牛，象征着这一年份对牲畜不够友好，而它绿色的身体，则预示着这一年是个丰收年，春牛白色的蹄子寓意着非山谷地区的收成不好。而那位别具一格、将右脚的靴子别在腰间的牧牛老者，则寓意着在这一年中，老人们的身体康泰，但女性的工作会很繁忙。

此外，在《春牛图》的右上角还有一条惟妙惟肖的飞龙，这条身体处标着藏语"8"的飞龙，预示着2019年会有很大的降水量。通常，飞龙身上与牛身上的数字越大，就暗示着降水量越大。春雨充沛、土壤肥沃，这对农牧民朋友们来说，无疑是个喜讯。

一幅《春牛图》，不仅表明了岁岁年年的愿景，更脱离不开藏族历法的发展演变。可以说，如果没有藏族天文历法以及与其他民族的文化交流，便没有如此博采众长、源远流长的藏族天文历法，也就无从谈起这幅在藏族文化长河中熠熠生辉的《春牛图》了。

早在吐蕃政权建立初期，对文化有着迫切需求的西藏，便展开了对外的文化交流。在这蜿蜒漫长的历程中，西藏不仅得到了中原地区的先进文化以取长补短，更是远及印度、大食等国度，将一众先进的医学历算学等内容融会贯通、取其精华，融入本地的历法文化中。《春牛图》的诞生，便是西藏文化与四方文化交流的历史表现。

相传，发源于中原地区的《春牛图》还有着一段传说。

那是古代春神——"句芒"的故事，他也是藏族《春牛图》中牧人的原型。这位春神是伏羲氏的臂膀，掌管着草木的生长。古时，他曾经在黄河下游带领着百姓从游牧改学耕作，在春日到来的时候，号召大家一起犁地翻土，所有人都纷纷响应劳动，只有耕田犁地的老牛仍旧不愿从冬日的"酣睡"中醒来。

人们想用鞭条抽打老牛，却被句芒拦住了。句芒说，牛是耕耘的帮手，不可虐待，他让大家将泥土捏成牛的形状，在老牛面前挥鞭抽打土牛的身体。抽打土牛发出的响亮声音将老牛惊醒。

醒来的老牛看到还在酣睡的"同类"正在被鞭打，便瞬间起身，乖乖听人指挥去干活了。在这一年，大家努力劳作，不仅取得了好收成，还让游牧的人民学会了耕种，而打春牛的习俗，也从此烙印在了人们心中。

《春牛图》历经千年的文化交融与洗礼，如今已经成了新的模样。除了牧人、春牛、龙与文字，具有艺术天分的藏族人民还为其添加了善款、云霞、村庄、经幡等具有西藏特色的画面，使得《春牛图》有了更强的观赏性，在兼具实用性的同时，也提升了这幅图画的艺术价值。

春日融融中，眺望着西藏的大好风光，农牧民们一年的愿景在《春牛图》的指引下徐徐展开。这是属于勤劳人民的未来，也是属于中华民族的未来。每一片土地的收获，都要经过勤劳的耕耘细作，才能得到秋日丰收的喜悦。《春牛图》中所寄托的，正是这一份勤劳后所得来的喜悦。

第二章
生命的菩提，值得一生守候

悠悠药香飘逸，是一份慈悲的虔诚得以延续；胜造七级浮屠的赞歌，一次次抵抗了病魔与死神的侵袭，得以成就人世间的奇迹。

● 在药王故里，升起白色的月亮 ●

公元 708 年，拉萨市宇妥岗，一声婴儿的啼哭撕裂了黑夜的静默。一股人间的喜悦之气带着赤诚的灵魂，降生在了这片热土之上。

黑暗之中，一轮明月的索引就是前进的方向，而当一簇生命的火焰在风雨中飘摇，人世间便需要一股力量站出来遮挡。药王——宇妥·云丹贡布，就是这份力量。他用一生的智慧与慈悲，广济天下疾苦，成就了自己的同时，也荣耀了他的故里。

在西藏的传说中，宇妥·云丹贡布的真实身份是药王佛的转世之身，药王之母曲吉卓玛早在怀胎时，便在梦中受诸佛所托，守护着宇妥·云丹贡布的降生。他降生后，更是守护了西藏峥嵘岁月中的黎民百姓。

古人云，医者仁心。身为医者的宇妥·云丹贡布，之所以能被后世敬仰传颂，不仅仅是因为他在藏医学上成就卓世斐然，更因为他是立德立仁的典范。

宇妥·云丹贡布出身于医学世家，3 岁开始读写藏文，5 岁便随父行医，积累了大量经验。相传，他在 10 岁的时候就辩赢了吐蕃名医，从而得到了赞普赤松德赞的赏识，成了一名御医。

宇妥·云丹贡布最擅长的是治疗疑难杂症，据说曾有人得了一种怪病，遍访名医久不得治，无可奈何之际，这位患者只好求助赤松德赞。

这天，赤松德赞刚好和宇妥·云丹贡布骑马外出，当了解了病人的来意后，赤松德赞便让宇妥·云丹贡布为其诊治。

问诊后的宇妥·云丹贡布向赤松德赞借了一匹骏马，将病人的双手绑好，悬在马上，而后突然策马扬鞭，马儿吃不住痛，便风驰电掣地奔跑了起来。这一跑，病人因疼痛而呼喊的声音便响彻了整片天空。在场的众人无不愕然于宇妥·云丹贡布的手段，在内心为病人担忧。

但是神奇的是，随着骏马不断奔驰，病人呼喊的声音竟然逐渐变成了呻吟，后渐渐没了声音，直到宇妥·云丹贡布跳下马来的时候，病人已经笑容满面，恍若新生。

赤松德赞惊奇地问起原因，宇妥·云丹贡布这才开口解释。原来他早就看出这个病人的筋骨和肺连在了一起，需要靠颠簸和震动来将两者分开，于是便采用这样的手法，医治病人的顽疾。

类似的故事不胜枚举，宇妥·云丹贡布犹如药王佛在世的显圣，将西藏人民的疾病与痛苦驱逐。

这一切的传说与成就，都与宇妥·云丹贡布刻苦的学习与钻研密不可分。他为了精进自己的医术，曾三次前往印度、尼泊尔求学，不仅得到了印度名医陀罗比、美旺和尼泊尔名医达拉释拉哈的真传，更是将一众医学名著融会贯通、化为己用。

回到西藏后，宇妥·云丹贡布又深入民间亲身体验考察，为西藏百姓祛除病痛，还曾前往山西省五台山向汉医求教，研究学习了中原地区民间的医学经验，最终成为吐蕃九大名医中最为出类拔萃的一位。

如今，在西藏人尽皆知、被奉为藏医药学中最权威的工具书——《四部医典》，便是经由宇妥·云丹贡布的手笔编著而成。

《四部医典》是现存最系统、最完整、最根本的藏医药经典，它的前身是由苯教创始人辛饶米沃之子杰布赤西编著的《四部医经》。这部医经虽然在古时的西藏流传甚广，但其中的内容庞杂晦涩，并未形成体系完整的理论。拥有深厚藏医学底蕴与实践经验感悟的药王宇妥·云丹贡布，携一众人等，对《四部医经》进行了深入浅出的分析研究，从而补充修订成了造福世人的《四部医典》。

《四部医典》中的一些藏医药学基本理论体系和实践方法至今还在沿用。

其中《释续》章节，详细地论述了有关于人体的生理、解剖、生病机理、诊断与治疗法则等先进的内容，将藏医药的水平拉高到了崭新的层次。这些在现代看来仍属先进的方式，在十几个世纪前，就已开始守卫着无数西藏人民的生命。

有感于药王宇妥·云丹贡布济世救人的慈悲与伟大，作为药王故里的宇妥岗也没有停下弘扬藏医药的脚步。

2016 年 6 月 4 日，一场别开生面的活动拉开了帷幕，那是"药王故里"的特色项目——"宇妥沟藏医药养生"深度体验游活动。这项由政府支持的旅游项目，为来往的游客们规划出了一条从堆龙德庆旅游服务中心出发，途经其美龙寺、顶嘎寺、堆龙吉纳众攀藏药材种植专业合作社养生堂、邱桑温泉、德吉林卡，再回到堆龙吉纳众攀藏药材种植专业合作社养生堂的精品体验游路线。

在这条旅游线路中，游客们可以感受藏药的精妙，体会会西藏的风情，不仅能享受到囊括藏医药理疗、特色温泉浴、乡村短线游等综合观景、养生等项目，还能多方位强身健体，接受藏药精髓的馈赠。

2018 年，藏医药浴入选联合国教科文组织人类非物质文化遗产代表作名录，这项殊荣使藏医药深度体验游，成为新的旅游热门线路之一。

在堆龙德庆区宇妥岗的这片土地上，你不仅能在藏医鼻祖宇妥·云丹贡布的故乡中体味藏药的传奇与经典，还能在不知不觉中穿越岁月，与无数的"历史名人"擦肩而过。这里曾孕育了无数的英才良臣，松赞干布的大臣禄东赞、藏妃门萨赤江，皆是生长于此，他们共同成就了西藏的光辉历史。

身处高原之上，就算来自异乡的你，也不难随口说出几味珍奇异草，不论是稀世珍宝藏红花，抑或是雪域圣品冬虫夏草，都在藏药的故事里散发着光芒，成就了济世救人的绝世良方。

在药王故里，每当你凝望着周遭一草一木的静谧安详，你就会明白，这片生长着无数珍宝的沃土之上，积淀着肉眼数不尽的慈悲与安详。药王宇妥·云丹贡布的灵魂，会一直如一轮明月，日日夜夜，守望故乡。

● 忘记时间，却记住了这座山 ●

清晨，当东升的第一缕晨光倾洒在布达拉宫的屋脊上时，不远处与之遥望的药王山，便因着这缕光获得了讯号。至美宏伟的布达拉宫，像被天地轻轻地掀开了一角，那里正收藏着诸多的秘密，窥探到其中玄机的游人们，都摆出了一副"短兵相接"的阵势，随即或用脚步，或用相机，或用心灵……开始了分秒必争的捕捉。这份属于拉萨的赠予，日日在此上演。

藏语中的药王山被称为"夹波日"，意思是"山角之山"，而让这座山闻名遐迩的秘密，不仅仅在于它得天独厚、与布达拉宫遥相呼应的地理位置，更是来自一位传奇人物在此留下的点滴心血。

这座并不高耸的山丘，汇聚着一位伟大人物——桑结嘉措一生的心血。400多年前，桑结嘉措在药王山上，建造了举世闻名的藏药院——门巴扎仓。这位由五世达赖喇嘛亲自培养的旷世奇才，不仅拥有着政治上的雄韬伟略，还凭借着他精湛的医术与崇高的医德，为西藏医药界竖起了一座丰碑。

历史上，生于拉萨市北郊娘热地区的桑结嘉措一生波澜壮阔。他是五世达赖喇嘛时期的第二任第巴陈列嘉措的侄儿，8岁时就被送入布达拉宫修行。等他到了25岁的时候，在五世达赖喇嘛的强烈要求下，桑结嘉措就任了第五任第巴，开始在当时的西藏政坛上崭露头角。但是，桑结嘉措被后人记住最多的，却不仅仅是他的政治功绩，更多的是他为藏医药做出的卓越贡献。

桑结嘉措曾为我们留下的烁烁闪光，可以在药王山上寻到踪影。沿着石阶而上，在药王山山腰的位置，便会有一处显眼的废墟映入眼帘，这便是"门巴扎仓"的遗址，是药王庙的所在。桑结嘉措就是在这里，建起了西藏首个从寺庙中独立出来的医学学校，造福了无数西藏百姓。

在这里，前来学习医术的藏医们受到了系统的培养，考核通过后会被授予专门的学位和奖励，可以说，门巴扎仓是当时非常完善的医药学校。在它创立之初，桑结嘉措甚至曾亲临此处参与授课，毫无保留地将自己的一身医术倾囊而授、造福世人。而他本人，即使已功成名就，却仍未停止对于藏医

药的精进与学习。

桑结嘉措一生著述颇丰，他曾撰写了西藏《四部医典》的注疏《四部医典蓝琉璃》，之后又撰写了该书的《补遗》、藏医史方面的巨著《医学概论》，以及藏历方面的著作如《白琉璃》及其《子本》《除锈》。

如今，当你步入药王山中时，或许你会被这里山岩嶙峋的模样震撼。曲折弯延的小路上，生长着并不丰茂的狼牙草和一众绿植，三三两两的西藏同胞就生活在山中，一种原始的美感赤裸裸地呈现在了你的眼前。如若行至半山腰，一转首，便能看到那恢宏壮丽的布达拉宫。

站在山上，你能将整个拉萨的好光景一眼望穿。但要说起药王山与布达拉宫的缘分，其实早在17世纪时，便因桑结嘉措而有了联结。

布达拉宫中著名的"红宫"，便是在桑结嘉措的主持下落成的宏伟建筑，它于1690年奠基，耗时3年才落成。站在药王山上，每当你遥望布达拉宫的瑰丽景致时，这份遥相呼应的内在联系，会让人仿佛感受到正与桑结嘉措共处一地。

当你以为美到令人窒息的景色就是药王山的一切时，山南面的"千佛崖"又会让你震撼于虔诚时光的厚重。清晨的"千佛崖"热闹非凡，虔诚的西藏同胞们早早地就开始了他们的信仰仪式。无数人停留在"千佛崖"的摩崖石刻旁虔诚顶礼，他们向自己心中的神佛祈福，祈求健康幸福，平安喜乐。

"千佛崖"处，承载着数不胜数的佛像与碑文，漫天诸佛的庇佑就在此处层层沉淀，这是无数能工巧匠的心血集聚，也是他们的虔诚与祝福汇聚而成的珍宝。但是，佛像与碑文的流传，却不仅仅是依靠着能工巧匠的一己之力，无数虔诚信徒的全心侍奉更是其流传至今的助力。他们将自己的一份心意寄托于此，最终集结而成了如此瑰丽的"千佛崖"。

在药王山的东南山坡半山腰处，还暗藏着另一番天地。此处依山而立着一洞石窟，这个与大昭寺遥相呼应的洞窟，正是查拉鲁普石窟的入口，里面有无数的瑰宝与传奇。洞窟中，有多达70多尊的精美造像，它们在历朝历代的不断修缮中，形成了以宗教人物、西藏首领、历史人物为主的雕刻内容。

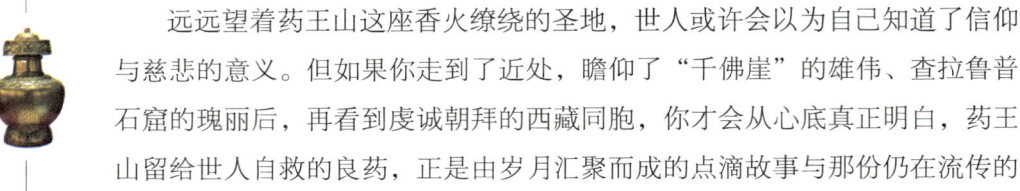

远远望着药王山这座香火缭绕的圣地，世人或许会以为自己知道了信仰与慈悲的意义。但如果你走到了近处，瞻仰了"千佛崖"的雄伟、查拉鲁普石窟的瑰丽后，再看到虔诚朝拜的西藏同胞，你才会从心底真正明白，药王山留给世人自救的良药，正是由岁月汇聚而成的点滴故事与那份仍在流传的善意。

● 这粒小药丸，让人心有所依 ●

矗立在茫茫的医海之上，藏药的名号，犹如一座开满鲜花的秘境之岛。它在一阵风吹拂而来的气息中留下痕迹，却又神秘地若即若离。它像处子般向世人广播着它的秘密，却又让无数效仿的力量望尘莫及。

提及藏药，我们虽然能够在脑海中浮现出几味单独的稀世药材的名称，但对由藏药组成的济世良方却不甚了解。藏医巨著《四部医典》的无数藏药处方之中，有一颗举世无双的珍稀药丸，在千古流传中被西藏人民奉为瑰宝。它，便是雪域圣药——"珍珠七十味"。

在《四部医典》中，这方药剂还尚未变成"珍珠七十味"的名号，而是一剂被称为"二十五味珍珠丸"的名方，后经历代藏医药专家的不断改进和完善，最终在15世纪时厚积薄发，被藏医南派著名人物苏喀巴·年尼多杰总结研究了出来。"珍珠七十味"由此正式诞生，成为造福世人500多年的藏药经典名方。

当今世界，不论是在何处，诸如中风、瘫痪、癫痫等神经血液循环系统方面的疾病，都依然是医界的难题。想要治愈这些病症，病者不仅需要漫长的时间和超人的意志，还要面临缺乏对症药物的问题。但在千年前的雪域高原上，人们便意识到了这一问题，甚至找到了解决的方法。"珍珠七十味"的出现，就是为此研制而成的一剂有效藏药。

如今，通过现代医学对"珍珠七十味"的临床分析和研究，证明了其对于血液系统及神经递质的作用。"珍珠七十味"不仅能起到安神、镇定、舒经活络的作用，甚至能起到恢复脑损伤的功效。它在神经功能的改善以及行为障碍的恢复方面，效果极为明显。

由此，也便不难理解，"珍珠七十味"因何被无数西藏百姓视为起死回生的灵丹妙药了。我们可以试想一下，如果换作自己身边的亲友，罹患了这些疑难杂症，仅用几粒传统的小药丸就能使他们的健康状况有所好转的话，那简直是犹如"九转金丹"一样的存在了。

如果不了解藏药的发展过程，你绝不会想到在这颗小小药丸中所蕴藏的奥妙。在"珍珠七十味"中，不仅包含了珍珠、藏红花、牛黄、麝香等被人们熟知的珍稀药材，还添加了玛瑙、珊瑚、黄金等听起来仿佛与药剂毫无关联的金石矿物质。

这些物质，不论是在中国其他地区还是世界其他国家，都是药剂中绝少出现的独有的配方，这也正是密宗藏药的独到之处。

常言道，靠山吃山，靠水吃水。古时候，善于发现与探索的藏医们读懂了大自然慷慨馈赠的秘密，他们不仅采用传统的动植物入药，更是从金石中攫取了藏药最为独特的力量。这一过程，如同藏药制作的一次"叛逆"，而这种"叛逆"的蜕变，在"水银洗炼法"之中得以完成。

拉萨藏医北派"水银洗炼法"的继承人尼玛次仁，是藏药金石药的非物质文化代表性传承人，那些众所周知的金属，乃至剧毒的"水银"，在他手

中历经"千锤百炼"的处理后，成了名贵藏药中必不可少的基础原料。"珍珠七十味"的制作，也是依赖此种方法。

"水银洗炼法"作为藏药最尖端的技术，几乎囊括了藏药加工技术的全部精华，尽管随着时代变迁，洗炼的工具不断演化发展，但是传统四大步骤的洗炼，依然要耗时数月才能完成。正如"珍珠七十味"的制作过程，一定要经过搓揉、提炼、洗涤、研磨四步，才能形成一粒小小药丸。

对于藏药的传承，原西藏自治区藏药厂书记、副厂长、主管药剂师洛桑多吉更是视为己任。出于对藏医药学的热忱与钻研，洛桑多吉成了国家级非物质文化遗产项目藏药"珍珠七十味"的代表性传承人，并成了第二届中华非物质文化遗产传承人薪传奖的获得者。如今，他将自己的一身医术倾囊而授，把"珍珠七十味"的未来播撒在高原之上，让这剂传世名方，在新世纪中焕发生机。

而今，随着时代的发展，医疗手段的进步，我们往往能在许多疾病出现前防微杜渐，让身体远离病魔的侵袭。但对于科技医疗手段并不发达的古人来说，经验丰富的医者和一剂传世良方，才是他们生命中最亮的曙光。如同"珍珠七十味"一般的名方，便是这汇聚而成的耀眼光芒。

跨越千年的藏药，犹如胸怀着无数瑰丽传说与珍宝的神迹一般，指引着我们走向新的方向。如今，藏医药的精粹犹如涓滴细流，汇入了中华医药宝库的大门中，铸造属于中华民族的骄傲与传奇。

● 最美晴天，情陷"药师坛城" ●

在拉萨，若是延寻着藏药的轨迹往前追溯，你便会愈发对高原上的这片热土牵肠挂肚。在时光的长河之中，这份脉络传承古今，犹如河流与山川般滋养万物，带来希望与生机的同时却又润物无声，悄然暗藏于轮回之中。这千古的藏药，在今时今日得以延续，它幻化成一滴"甘露"，福泽了世人。

而今在西藏，提起藏药，无人不知"甘露"的名号。此"甘露"并非一剂良药，它的真身，是"西藏甘露藏药股份有限公司"，这继承了千年藏药衣钵的正统血脉，正在用无数藏药良方广济世人，让这滴"甘露"在雪域高原上，熠熠闪光。

1696 年，第巴桑结嘉措在药王山上建了一座藏医院——"门巴扎仓"。它就是跨越千年的"甘露"的源头与根基，是"西藏甘露藏药股份有限公司"千百年前的奠基所在，正是有了门巴扎仓在千百年前的积淀，才注定了如今"甘露"的不凡。

如今的"门巴扎仓"早已淹没在了历史的洪流之中，但它所代表的精神，却在千百年间流转传承，成为当下支撑"甘露"的信念和灵魂。"甘露藏药"，在严谨无比的继承和发展中，传承了藏药独一无二的精典品质，研制出了无数广济天下的"灵丹妙药"。

除了大名鼎鼎的"珍珠七十味"等知名药剂，以及其独有的"甘露藏药加持仪式"，"甘露藏药"更是掌握着独步天下的"欧曲坐珠钦莫"炼制秘法。这些藏药的精粹炮制方法，在无数藏医药人的传承与信仰中得以维系至今，成为"甘露藏药"继续向前发展的无上珍宝。

"欧曲坐珠钦莫"炼制秘法曾入选我国首批国家非物质文化遗产传统医药类名录，它因独到超凡的传统工艺以及珍稀异常的医学价值，千百年来被雪域人民赞誉为藏药至宝。是历代藏药名医将含有剧毒的水银，通过这种难度极大的特殊工艺加以炮制、炼制，最终制成无毒且具有奇效的甘露精华之王。

"欧曲坐珠钦莫"炼制秘法又称"坐台"，它不仅是无数藏药助力的基础，更是历代藏医大师经过千年的临床实践证明的瑰宝之法。用这种方法制成的藏药对各种炎症、过敏、中毒症等疑难杂症皆有奇效，同时还有滋补强身、增强人体免疫力的疗效。

早在1988年10月，国家就为"甘露藏药"颁发了"坐台"工艺发明的专利证书，这也成为西藏地区有史以来第一项藏药特殊制作技术的国家级专利。

"甘露藏药"发展至今，早已脱胎换骨，摇身一变成了彻彻底底的现代化企业。那占地5万平方米的厂房，总资产1.8亿元的资本，无不在诉说着"甘露藏药"雄厚而底气十足的资本。在这里，无数贤才广聚，230多人的职工中，就有近一半的人是拥有各种不同职称的高级人才，这让"甘露藏药"成了名副其实的"药师坛城"。

然而，即使是这大名鼎鼎的"甘露藏药"，其藏语中的寓意也并非如何神秘显贵，而是极为务实。"堆孜"即是它的藏语，其中的"堆"，便寓意着那些病魔所给人带来的痛苦，"孜"则是消除这些苦难、带来福泽。由此，"甘露"的寓意便是——"治病的神药"，是拯救人间疾苦的福祉。

但你若更加了解"甘露"藏药的内核，就会知道，"甘露"，不仅体现在文字上，还贯穿在一切有形无形之中，仅仅是"甘露"藏药的商标，便大有寓意。

一座雪山，三条蜿蜒的河流汇聚而成的画面，构成了标志的上半部分，下方则采用了被藏医称为"药中之子"的诃子（藏青果）烘托，圆环的轮廓让整个商标的画面看起来极为古朴端庄。

与其说这是商标，不如说这是山水画般的大气神秘，而究其含义，更是精妙。巍峨雪山象征着青藏高原，中间一条河流寓意着西藏人民长期与疾病抗争而获得的医药理论，左右两条河流意味着将印度医学和中医汉方药学精髓汇聚其中，而那海中绽开的叶片果实，就是无数藏医心中最美好的祝愿，象征着众生安乐，延年益寿。

一份份沉淀了千年的技艺，一颗颗拯救世人的妙药，如今，都在这"甘露"般福泽世人的"药师坛城"中得以传承绽放。它们的点滴精魄，从千百年前点滴汇流，将这千年间的恩赐与瑰宝融为一体，传承至今。这不仅是"甘露藏药"的故事，更是雪域高原中，生灵的奇迹。

第三章
在藏文的故乡，且行且珍惜

摊开一份经文，是字字珠玑的创造，让珍稀的智慧得以镌刻出民族的记忆，这份史诗的印记，就暗藏在一行一句中。

● 拉萨之旅，与之相逢是福报 ●

若把拉萨比作一座积木城堡，那么组成这座城堡的积木，除了虔诚的信仰、雄伟的建筑、悠悠的一缕藏香这类随处可见的标志性事物，一定也少不了那根不可或缺的文化立柱——"藏文"。

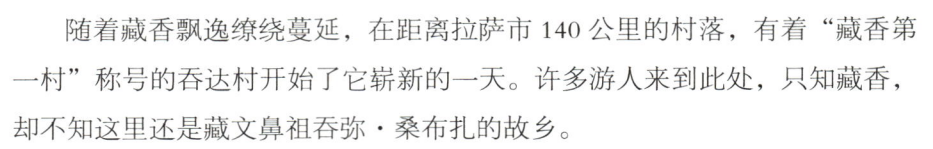

随着藏香飘逸缭绕蔓延，在距离拉萨市 140 公里的村落，有着"藏香第一村"称号的吞达村开始了它崭新的一天。许多游人来到此处，只知藏香，却不知这里还是藏文鼻祖吞弥·桑布扎的故乡。

那是松赞干布刚刚统一西藏的岁月，四方未平的内乱，百废待兴的生息，频繁对外的交往，无一不对西藏的政治、经济、文化产生着巨大的影响。在这种发展和需求的碰撞中，身为赞普的松赞干布倍受文字缺乏的痛苦折磨，这使他如饥似渴般需要得到文化智慧的加持。

公元 7 世纪中叶，松赞干布在百名青年才俊中，精选了吞弥·桑布扎等 16 名英才，不远万里前往天竺拜师，研习梵文和天竺文字。这 16 位青年的心中，有着一个共同的梦想，他们要为西藏铸造一个崭新的未来。

求学之路上，不仅要面对路途的艰辛与跋涉，更要接受来自对意志与命运的挑战。生长于雪域高原的藏族青年才俊们，并没有全部通过命运降于他们的挑战。16 人中仅有吞弥·桑布扎一人学成归来，而其他 15 位青年，没有熬过异国他乡热带气候的挑战，纷纷因病客死他乡，成为藏文发展之路上的"殉道者"。

吞弥·桑布扎不负众望，他在天竺刻苦研修，不仅学得了真要，更是被天竺人认可，将他称为"桑布扎"。而他也继承了师长与族人的寄予，最终重返故里，将文化智慧的曙光播撒在了高原大地上。

回到西藏的吞弥·桑布扎，不仅遵照着松赞干布的意愿，以梵文为基础，结合藏语特点创造出了藏文中的30个根本字母等一系列藏文基础字母，还简化创造了许多元音字母作为补充，藏文的基础由此确立。此外，他还编纂了《文法根本三十颂》来为藏文立出章法，藏族由此第一次拥有了属于本民族的文字。

当吞弥·桑布扎将这份沉甸甸的厚礼摆在松赞干布面前时，他广博的知识和赤诚的信念，征服了崇尚智慧的松赞干布。这位伟大的赞普甚至亲拜吞弥·桑布扎为师，跟随吞弥·桑布扎入玛如宫闭关3年，只为潜心研习藏文和知识。在松赞干布的表率作用下，藏文推广非常顺利。

但是，这样利在当代、功在千秋的大义之举，也曾在当初备受波折。哪怕是贵为赞普的松赞干布，也因其对于吞弥·桑布扎的尊崇，遭到了一众大臣的非议和阻挠。

顽固的旧势力不仅不了解、不认可吞弥·桑布扎的智慧与能力，还一致认为他不值得松赞干布如此的推崇。时间朝堂之上谣言四起。此时，吞弥·桑布扎自己站了出来。他掷地有声地言明了自己作为西藏首位"宿学"的地位，力排众议并平息了众怒；同时也为藏文在西藏的推广及使用扫清了障碍，让文化智慧的春风，吹拂到了雪域高原的千家万户。

除了创立藏文，吞弥·桑布扎还是一位杰出的翻译家。他翻译的《二十一显密经典》《十善经》《般若十万颂》等20多种佛经，有很多被收在《大藏经》的《甘珠尔》部中。他更是将天竺、中原、尼婆罗等地的佛教经典和各种文化论著译成藏文，消化融合在了当地的民族文化中，成了独有的藏族文化。

如今，步入吞达村中，你会发现村落中的每条溪流中几乎都有水车。这些水车，便是制作藏香的重要工具。当你赶巧遇到它们运作的时候，便会看到这水车中的木板随波轮动，轮番捶打着柏木片，而制作藏香的泥粉，便是在这千锤百炼中形成的。

现在的吞达村，依然有制作藏纸和木板经刻的小手工作坊。这些传说中吞弥·桑布扎创造的文化传奇，正化作力量，哺育着它的传承者们。

沿着文字传承的脉络一路看来，甲骨石刻之上的铭文印记，竹简绸缎上的点点墨色，挥毫纸上的瑰丽传奇，敲击键盘的咔嗒作响，无一不是文化创造的奇迹。

有人说，人类最大的智慧，并不在于一个人的伟大和传奇，而是在于继往开来，世世代代的传承与发展。如今，当你触摸着嵌入碑体的石刻，听闻那洗涤心灵的经文，每一丝藏族文化的魅力，都少不了铿锵有力的藏文的点缀。这一属于民族智慧的伟大创造，将簇拥着每一个身在其中的旅人，感受藏族文化厚重的力量。

● 没有鱼的河水，虔诚以待 ●

江山如画，气壮山河。鸟瞰西藏，雅鲁藏布江蜿蜒而下，九曲回肠。她养育了雪域高原之上无数的生灵，成就了这片热土上的生机勃勃。在这厚土之上，雅鲁藏布江的支流中，潺潺流淌着一条"不杀生之水"。

世人都说，水至清则无鱼，而吞达河"不杀生之水"的美誉，却并不是来自它同样清澈见底的河水。这条流淌在吞达村中的河流，如同血脉一样滋养了世世代代生长于斯的藏族同胞，也铸就了一段段遥远古老的传说和故事。

当你走入吞达村中，便会与两座巍峨的雪山相遇，它们一前一后冲进你的眼底。这两座山峦，就是被称为卡热神山与琼穆岗嘎神山的两座高峰。其中琼穆岗嘎神山的海拔甚至高达7050米，而吞达河——"不杀生之水"的故事，便是从这两座巍峨的高山之中流淌而来的美丽传说。

传说，某天天上有十二位能歌善舞的绝世仙女下凡嬉戏。当她们来到吞达村的时候，最小的一位仙女，被这里秀丽如画的景致倾倒。她只望了一眼便再也无法挪动脚步，于是，她决定化身为"卡热神山"，生生世世守护在这片美丽的土地上，为这片土地带来祥和与繁荣。

她的决定让其他的仙女悲痛不已，其中最大的姐姐尤为不舍。一想到今后自己将与妹妹天各一方，她便伤心地流下了泪水，一滴滴晶莹的泪珠洒落在吞达村的土地上，化成了有"智慧之源"美誉的吞达河。

而后，不舍妹妹独自一人留守在此处的姐姐，化身成了琼穆岗嘎神山，一前一后，两相呼应，和自己的妹妹遥遥相望，共同守护这片充满传奇的土地。

如今，假如你在 5 月来到这里，还会遇上当地一年一度的"转山"祈福活动，大家会转卡热神山祈祷，希望自己的妻女愈发漂亮美丽。

其实，除了那些神话传说，最初的吞达河不过是一条普通的河流。河水中鱼水欢腾，生机盎然，如果不是吐蕃历史上伟大的人物吞弥·桑布扎，赋予了它崭新的意义，它可能就如同千万条河流一样，默默无闻地流淌千古。

那是吞弥·桑布扎学成归来、不负重托创立了藏文之后的故事。心念故土的他，回到了那个让他魂牵梦绕的家乡——吞达村。他利用流经村落的吞达河的天然水利资源，发明了水车。也正因为他发明的水车，吞达人才制作出了闻名遐迩的"尼木藏香"。

那时，河中的鱼儿并未断绝，经常会有因为水车转动而死的鱼儿，这一幕心怀慈悲的吞弥·桑布扎看在眼里，痛在心中。于是，他便在吞达河与雅鲁藏布江支流的汇流处，立起了一块石碑。

石碑上面，吞弥·桑布扎用古藏文书写着这样一句话——"江中之鱼不得入此河"，以此来保护鱼儿。也就是从那时候起，吞达河中就再也没有出现过任何鱼类，这河中的生灵，仿佛拥有了灵性一般，读懂了吞弥·桑布扎的一片慈悲之心。

吞达河"不杀生之水"的神奇景象，引发了专家们的好奇。一众专家曾专程来此对吞达河的水质进行过检验。检验的结果证明，这条河流的水质与普通的水毫无二致。

随着了解的深入，令人惊奇的事情呈现在了人们眼前，与吞达河"同气连枝"的另一个支流——续迈乡的续迈河,却大相径庭。在续迈河中,完全没有"不杀生之水"的境况,河中鱼儿畅游,与正常河水没有任何区别。

吞达村的藏族同胞生长于此,沿袭着祖辈流传的传统工艺与信仰,在古老的"不杀生之水"的庇佑下,虔诚地将一根根藏香继承了下来。

在吞巴人眼中,"不杀生之水"是自然的慈悲,也是祖先的恩泽。千百年来,生长于斯的吞达村人如同吞弥·桑布扎一般,敬畏着这条潺潺的流水,而"不杀生之水"的故事,也如同神灵在世,教化着这片神秘的土地,让人们心怀感恩,慈悲永度。

● 一次偶然,让传奇重见天日 ●

距离拉萨市140公里的吞达村,因为一位智者的存在而闻名于世。他让智慧得以流传,他让技艺得以传承,他让"不杀生之水"淙淙流淌,他就是"藏文之父"——吞弥·桑布扎。

那是2003年的一个清晨,祥和的吞达村中,生活在这里的白玛桑珠从睡梦中苏醒,开始了他一天的生活。当天,他决定对这座不知"从何而来"的老房子来一次大扫除。

说来也怪,这座有异于其他藏居的建筑,从来没有引起谁的深究。如果不是白玛桑珠的一时兴起,这座千年的"文化古迹",还将继续沉睡。但是,命运的指引终究会让一切浮现,当白玛桑珠清扫完灰尘,擦拭好家具后,他终于将目光转向了贴满报纸的大屋墙面。

这是一面杂乱的墙面,让人看了心里烦躁,一种莫名的冲动涌上心头,白玛桑珠走上前去,仿佛受到了什么指引一般,将墙面上的报纸层层揭了云。当他开始清理墙面上的白灰时,一抹色彩撞进了他的瞳孔,那跨越千年的缤纷色彩,仿佛蕴含着无数的秘密,指引着白玛桑珠揭开了它神秘的面纱。

矗立在墙前的白玛桑珠并不知道,这座自己居住了30多年的农家院落,竟是吞弥·桑布扎的故居。

1959年,原本没有片瓦遮身的三户普通藏族农民在政府的关照下,住进了这所大院,当时宽大的正屋,则成了粮仓。这里关于吞弥·桑布扎的一切,

就这样无声无息隐秘在岁月当中，直到这栋房屋几经易主，最终成为白玛桑珠的居所，才让这段历史在一次偶然中重见天日。

如今，当我们走进吞达村，会感受到吞弥·桑布扎的身影依旧鲜活。向吞弥·桑布扎故居东面走 50 多米，就会看到一座纪念吞弥·桑布扎的玛尼拉康。

这座寺庙不仅是村民们内心的情感凝结，还保存着很多从吞弥·桑布扎故居中清理出来的文物。曾遭遗弃的故居物件在政府的重视下，变成了如今珍贵的历史文物，每一件文物无不见证着吞弥·桑布扎的传奇一生。

若你有幸步入吞弥·桑布扎的故居，便能观赏到屋内精妙绝伦的壁画。它们颜色鲜艳，内容丰富，不仅有吞弥·桑布扎向松赞干布献书的场面，更令人惊奇的是，其中一幅壁画还描绘着吞弥·桑布扎旧宅的模样。其格局大小，竟然与此时农家院落神似。

矗立在这幅壁画面前，仿佛能够看到千年前的因果注定。吞弥·桑布扎的一生，是智慧的盛开、文化的汇集，同时也是西藏命运的灯塔。他让藏族文字如雪莲般盛开在雪域高原上，为这片土地带来希望与传承，这不仅仅是他一个人的传奇，更是一个民族的传奇。他的建树和那些同被供奉在大昭寺内的先贤一样伟大，那些文字所记录下的文化，也将他的精神传承千古。

播散历史的迷雾，赫然的真实可能会让我们久久不语。而那些留下的印记，并不会因为风沙和岁月而消失。不论白玛桑珠是否能在一次偶然中发现这座历史遗迹，吞弥·桑布扎的精神，都烙印在每个人心中。他所铸成的藏文化丰碑，永远屹立在西藏人民的心头，永垂不朽。

第四章
寻找手艺，寻找纯粹的执着

件件珍品，让人相信器物之力。这份魅力，就是热土之上无法割舍的匠人之心，想要成就神佛的印记，追寻一份智慧的载体，它在这里。

● 去吞达，把拉萨味道带回家 ●

味道是一种记忆，它蔓延在我们的足印上，伴随我们走过每一个冬夏；它漂浮在每一个幸福的角落中，使我们不管去到何处，依然能够感受归途的温暖。

这记忆有的是关于雄浑壮阔的历史，有的是关于俊美秀丽的自然风光，有的是关于麻辣鲜香的舌尖体验，也有的仅仅是童年时的那份无忧无虑。

对于西藏人来说，记忆里的味道莫过于那浮动在吐纳呼吸间的悠悠香气，那浓烈而神秘的香味始终缠绕在每个西藏同胞的心灵深处。如果说，那淡淡香气是行走西藏不可或缺的嗅觉记忆，那么坐落在拉萨市区西面140公里处的吞达村，便是一座将西藏味道印刻至深的文化源泉。

在这座位于318国道接近尾端位置的小村落里，100多间民宅成了山谷河涧间的点缀，由远山融化的雪水汇聚而成的小河流在村庄中流淌不息，最终与日夜奔腾的雅鲁藏布江的支流汇集在一起。

有了藏民族母亲河的润泽，村落四周杨柳依依，不同鸟儿的鸣叫声在广阔的天地间更显空灵悦动，远处潺潺的流水声也似乎流入了人们的心底。

如果说蓝天白云、绿树鸟鸣是雪域高原上随处可见的景致，那么吞达村的特别之处就在于这里是享誉世界的传统手工藏香的原产地。

千年以来，藏香已成为西藏百姓生活中不可或缺的一部分，那古朴淡雅的香气是西藏百姓骨子里抹不去的烙印。

顿珠，是尼木县吞达村的一位村民，他的家族世代以制造藏香为业。从小跟随爷爷学习制作藏香的顿珠恰好遇上了国家政策的春风，他凭借这份传统的手工技艺成家立业，更成了吞达村里小有名气的制香人。

关于吞达村的手工藏香，顿珠讲起了一段从爷爷那里听来的传说故事，这也更加增添了这座小村庄有如世外桃源般的不可思议与迷人之处。

相传在公元7世纪前后，吞弥·桑布扎随着和亲队伍在迎娶文成公主返程的路途中，路过故乡吞巴，正遇到这里妖魔作怪、瘟疫横行。于是他就在村中各处诵经念佛，以求为村民消灾避祸，然而却无法得偿所愿。

一日夜里，佛陀释迦牟尼现身于吞弥·桑布扎的梦境之中。佛陀向他展示了几种闪着亮光的草药，并告诉他用点燃草药后的烟熏遍全村的每一处角落，再让村民用泉水服下相同的草药，便可化解这场灾难。

从梦中惊醒过来的吞弥·桑布扎，立即遵从佛嘱，果然驱逐了妖魔，平息了瘟疫。之后，吞弥·桑布扎便让村民们时常在家中燃熏草药，以防止瘟疫再度侵袭。

为了方便村民们使用草药，吞弥·桑布扎改良了文成公主由中原带来的制香技艺，将采集好的草药碾磨成细末，掺入泉水制作成长条状，以供村民们的每日所需。

千年以来，藏香这门手艺一直在淳朴真挚的吞达村人中世代相传。作为家族手艺的传承人，顿珠时常会想起自己年少时跟随爷爷学习制香的无忧时光。如今10多年过去了，尽管藏香的制造手艺在时光的洪流中不断推陈出新，但唯一不变的是他对藏香所倾注的情感。

传统的藏香制造过程十分漫长烦琐，而顿珠却数十年如一日地坚持着。时光在他的脸上雕刻出了一道道沟壑纵横的纹路，同时也造就了他心中的那份沉稳与坚韧。从藏香的制作过程中，我们可以感受到他的执念，与其说他是一位匠人，不如说他更像是一个虔诚的朝拜者。

作为传统藏香的手工制作者，每次制香前，顿珠都要求自己必须做到净手、净念、净心，否则再好的材料也会沾染杂质。手工藏香的制作工艺和流程并不如普通香一般简单，可以量产。在淳朴的西藏同胞看来，制作藏香过程中的每一个小的瑕疵，都是对神灵的亵渎。

藏香之珍贵，在于它集天地之大成。在制香的过程中，备料可以算是最

耗费精力的一个环节。

　　制作藏香的主要材料是柏树干，再配以麝香、沉香、藏红花、没药、冰片、豆蔻、红檀香、白檀香、长松萝、安息香、甘草等几十种香料和药材，然后将辅料与主料按比例混合备用。

　　除了要收集几十种的辅料，制香的主料柏树又因为生长环境的限制无法在吞巴存活。所以在大部分情况下，村民们只能去往400多公里之外的林芝市采办柏树。

　　制作藏香的第一步，需要先把柏树干去皮并切成小段，再将树段固定在水车上，利用水车日夜不停的动力将木段反复在加了水的石槽中摩擦，直到石槽中装满了木泥。在这道工序中，石槽中的水分必须不多不少，水多了会增加后期晾晒的时间，从而降低成香的香气，水少了则又会将摩擦成沫的主料吹散。

　　不论是采料、磨粉，还是混合、搓揉……每一道工序都会直接影响到藏香成品的质量，任何一个细节都马虎不得。因此，制作者不仅要掌握好用料的比例，还要细心地拿捏准每一道工序的时间长短，手上的功夫稍有偏差，制作出的藏香也都算不上完美。

　　由牛角中挤出的直条状湿香，虽已具备了成品的形状，但仍需摆在阳光

充足的地方晾晒两到三天，才能大功告成。制成后的藏香吸取了世界上最纯净的日光照射，散发出雪域高原上犹如格桑花般的醇香，似乎在向每一位踏足高原的人们讲诉着古老民族的虔诚信仰。

由"不杀生之水"调制而成的吞达藏香，不仅包含着一道又一道繁复的工艺，同样也在那独特的香气中饱含着一份真挚的慈悲，自然成了礼佛的极品。

藏香，就像是大隐于市的云游僧，带着一颗虔诚的心漫步在拉萨的土地上，默默守护着先祖的遗训，独行而古幽，优雅且宁静。

焚三尺藏香，品千年西藏。这带着自然之味的纯净味道属于吞巴、属于拉萨、属于中国……

● 火与土的新生，美得无处藏 ●

一处风景，如何让人流连忘返？一抹色彩，如何承载千古风情？一捧泥土，如何演绎火与土的奇迹？

身处青藏高原极目远眺，目力所及之处，皆是一双双有天工之巧匠人之手。他们赋予器物绝伦的样式与色彩，是他们让藏族陶器焕发生机。

考古发现，早在 4000 ～ 5000 年前的西藏，就已经开始了陶器的制作。只是那时的藏陶，还远远不是如今"亲民"的形象，而是作为宗教祭祀和王室贵族使用的高贵器皿。小小的陶器，在历经了历史的百转千回之后，才"飞入寻常百姓家"，容我们一享风采。

在西藏，关于藏陶的传说不胜枚举，由于藏陶的魅力之大，普及范围之广，让许多陶村都保有自己独有的版本。但若讲起其中最为著名的，还要属距离拉萨北郊曲贡遗址不远的塔巴村版本。身临千年藏陶古迹的它，

拥有着岁月为它铸就的外衣，也为它的传说，平添了一份别样的荣光。

在塔巴村久远的传说中，有一位名叫吉布·益西多吉的修行者，曾在塔巴村附近的帕嘎曲巴山的曲念卓嘎修行洞里修行。他于修行之时，曾偶然间把湿润的泥土扣在了膝盖上，泥土被膝盖塑成的形状，就刚好形成了碗状的陶器，这就是塔巴村历史上第一个陶器。

吉布·益西多吉下山朝拜途经塔巴村时，恰逢有妖魔作祟。不忍看到百姓遭受疾苦的吉布·益西多吉出手相救，他不仅组织村民修建塔巴寺，终日为当地百姓念经祈福、镇压邪祟，还无私地将制陶之术传给了塔巴村人，让制作藏陶的工艺，成为塔巴村世世代代流传的珍宝。

如今，当我们走入塔巴村，陶器制品随处可见。扑面而来的匠人气息，让人有一种瞬间闯入藏陶世界之中的错觉。暗藏在陶器中的一切灵魂，全都悄然指向这个小小村落中的点点滴滴。

泥巴，是藏陶的灵魂，同时它也是塔巴村得天独厚的自然馈赠。那些制作陶器的泥巴，被分为由巴（红色陶土）、才嘎（白色陶土）等，再将不同的材料加水混合后，就形成了最原始的制陶原料。

住在塔巴村里的果果，已年届四十，他是村中从事制作陶器的手艺人，果果对陶土有着深入的研究和自己独到的见解。

根据果果介绍，村里制作陶器的白土，要村民们早上九十点出发，一块块从塔巴山上运回。这些被运回的泥土块，全都要经过石锤的敲打，再用筛子筛选，最终才能达到使用的标准。至于另一种制陶罐必要的红土，则要从更遥远的扎西岗乡运过来，两种不同的泥土经由配比结合，才能让制作出的陶器不出现裂痕与瑕疵。

拥有了原料，才只是制作完美藏陶的第一步。如何配比出制作使用功能不同的陶器的泥料，才是藏陶的秘密所在。

果果在制作陶器时，如果是制作花盆、青稞壶、小杯等不需要受热的小型的器皿，他便不会在泥土中添加其他的材料。但若是制作炊具等制成后需受热的陶器，果果则要考虑它们的实际使用功能。他会将一定比例的木炭、云母粉末掺杂在泥土中，并在和泥时如揉面般来回揉搓，这样才能形成"夹砂陶"的制作材料。

当一切准备就绪，遵循古法的制陶人就会在河边挖取多年的生草皮晒二，

作为生火烤陶的原料。如今，随着人们环保意识的增强，挖生草皮的方式已改为了更为环保的方式。

随后，制陶人会在空地上铺垫一层牛粪，将制作成型的藏陶置于其上，以大小陶器相套的合理方式放置，再在陶体的空隙中塞满加热的材料，然后在陶器的四周竖起石板用以保温并且形成一个相对密闭的空间，这时候人们才会引火点燃，借助自然的微风烤制 10 多个小时，让泥胚成型，这才算是大功告成。

而今，塔巴村中已经拥有了塔巴陶器厂这样机械化生产的陶器工厂，原来的手工磨料方式，也升级换代成了机械化磨料。

在位于拉萨市的西藏自治区博物馆中，陈列着一件镇馆之宝——出土于昌都卡若遗址的朱墨彩绘双体陶罐。这件形体上好像两只小兽相向而立的陶罐，造型洗练优美，构思巧妙。喇叭状的瓶颈处，还有着一对以动物的耳朵和尾巴作为孔器的装饰，用来方便穿绳携带。

这件朱墨彩绘双体陶罐，不仅代表了当时整个西藏地区最高的制陶水平，更是将西藏先民们高超的器物造型审美，凸显得淋漓尽致。

随着时代的发展，我们早已不将藏陶视为贵族的专享，它所带来的文化和艺术享受，也是藏族中不可多得的文化传承。它如同一件件有温度、千年不冷的活物，在今时今日，指引着我们去了解接纳那一段段属于藏民族的原始魅力。

● 画画如画心，是一场修行 ●

拉萨市八廓东街 10 号，一家古朴的唐卡店铺开始了一天的营业。人头攒动之间，无数游人双目灼灼地投向了这间店铺的深处。屋内，一览无余的唐卡瑰丽神秘，摄人心魄。

这是唐卡大师次旦朗杰的店，这位在西藏赫赫有名的唐卡大师，在历经了半世的精修和积累后，决心将唐卡的魅力展示在拉萨这条终日人潮鼎沸的古老街道上，让这份古老的艺术再次焕发出生机。

磨布、涂色、晕染、拉线条……一道道繁复的工序，正在次旦朗杰亲授徒弟的手中得以重现，仿佛一种修行，使一幅幅瑰丽的画作浮现于世。这属于西藏的艺术瑰宝，很快将成为拉萨热闹的八廓街上画店中的一份纪念，成为无数游客的心头之好。

唐卡，这门源于西藏既古老又神秘的艺术，往往会在人们心中留下"神佛的艺术"的影子。它仿佛只在游人们游览西藏的间隙，才让游人们窥见其真容，至于它的故事与历史却游人们却无从了解。

唐卡，似乎距离人们太过遥远，但事实上，这份堪称"藏文化百科全书"的珍宝，在长久的岁月中承载了无数历史的积淀。

在古老的西藏，唐卡所承载的并不仅仅是一份信仰，更体现出了藏族人民的智慧。除了宗教类的佛教故事唐卡，唐卡中还有着数量庞大的非宗教唐卡。它们囊括了藏族人民代代相传的传说、历史、天文历算、藏医药等专业知识。所有的这些都不仅仅只是一份沉甸甸的知识，更是藏族文化艺术难能可贵的文化汇集。

种类丰富的唐卡有着悠久的历史，单从画派上来看，西藏唐卡艺术就拥有着尼泊尔画派、齐岗画派、勉唐画派、钦则画派、噶玛嘎孜画派，以及新勉画派等诸多流派的血脉。

如今，在游览布达拉宫、罗布林卡、哲蚌寺等拉萨的名胜古迹时，我们所能看到的唐卡，都可以看到不同画派的影子。

勉唐画派讲究造像要有严格的度量，色彩鲜明轻快，底层色厚涂，四肢和脸型要粗壮饱满。而那些有着丰富层次以及细腻形象、勾边，人物毛发毕现的画法，则是噶玛嘎孜画派以及钦则画派的风格。

今时今日，当你站在任何一幅唐卡面前惊讶于它的瑰丽与壮观时，无不是在惊讶西藏人民的匠心与虔诚。随便讲起任何一幅唐卡的制作，都是一场匠心与时间的碰撞。

唐卡作品仅仅是按材质，就可以分成诸多种类，其中不仅有留传至今，人们最为熟知的绘画唐卡，历史中，还有着例如刺绣唐卡、织锦唐卡等形式的唐卡，而且还曾在与中原地区的交流中，产生了缂丝唐卡这种极尽繁复的唐卡工艺。

缂丝唐卡是采用"通经断纬"的手法制作而成，这类唐卡有着形态逼真的图案，色彩极其鲜艳，美感十足，在雕石镂木的部分，甚至可以产生出多维立体的观感效果，是唐卡艺术中不可复制的珍品。

在位于西藏山南地区的昌珠寺中，存有一幅由上万颗珍珠宝石串成的度母珍珠唐卡。其工艺复杂，不计物力成本的华丽辉煌，展示着唐卡流传千古的价值与魅力。

在拉萨的哲蚌寺中，收藏着一件巨幅唐卡释迦牟尼佛像，这幅长约40米、宽约37米的巨幅唐卡，不仅有着讲述诸佛神话历史的丰富内容，更因其独一无二的巨大画幅，在唐卡作品中独领风骚。

观者不禁赞叹，这些举世无双的传世珍宝，究竟是如何而成的。其实，若只是把唐卡从画幅大小上来区分，未免偏颇。毕竟说起一幅唐卡的制作，它所运用的材料和技艺，才是最为玄妙的所在。

绘制唐卡的材料，完全取自天然的矿物质，它们被详细地分为九类：土、石、水、火、木、草、花、骨和宝石。其中不仅囊括了我们熟知的花草色料，更是有着各种难得一见的矿石，甚至还加入了诸如砒石、雄黄、黄连、狼毒草等不同的药材。

一幅唐卡，要经历选布、固定画布、勾草图、矫正画布、打线、上色、开脸等诸多步骤，成品后还要装裱部位图、装卷杆和楣杆，直到最后的开光供奉，才能算是彻底完成。

每一幅唐卡作品的诞生，都是画师呕心沥血的信仰凝聚，是无数场修行的正果，这份修行，如今也后继有人了。

　　一幅幅唐卡作品，总能让人们领略到西藏地区的神秘与壮美，也能让人民亲近到深沉的智慧。这份沉甸甸的厚礼，将西藏的一草一木、一点一滴都"蕴含"其中，只等着一位位"有缘人"睁开慧眼，凝望开悟，窥探它千年的秘密，传承那一场虔诚的修行。

● 有一种千年不腐，叫藏纸 ●

　　微风拂过，高原之上花草摇曳，一簇簇白中透着酒红的花朵格外显眼。

　　在那如团团蒲公英一样盛开的小小花球中，蕴含着雪域之上独有的倔强芬芳，这便是狼毒草，生长在高原上的精灵。

　　它虽是这个故事的主角，但我们真正要寻觅的，此时此刻还静静地沉睡在泥土中，它在等待着一场淬炼，来完成高原之上千年藏纸的传承。

　　拨开泥土，狼毒草那深褐色并肥硕饱满的根茎便呈现在了眼前。这种带有毒性与药用价值的植物，便是传统藏纸制作必不可少的原料。也正是因为它所蕴含的毒性，才使得被匠人们制作出的藏纸千年不腐。

　　早在松赞干布时期，藏纸就已经成为贵族们生活中必不可少的一部分。松赞干布在迎娶文成公主和尺尊公主时，便有许多用藏纸写就的书信封存在小箱中。到了赤松德赞时期，藏纸的制作工艺更是达到了一个新的阶段。

　　那时，西藏不仅出现了大量用藏纸印刷的经卷典籍，更有制度保证每个月供给宗师、堪布、上师等重要人物的藏纸需求。甚至连记录赞普一生作为、制定法度的纪实，也被用藏纸的形式，保存了下来。

　　那时的藏纸样式，已经高达八种之多。这些由西藏各地制作而成然后供给拉萨的藏纸，质地优良。如今，有关于当时制作藏纸的工艺，在学者第玛格西丹增平措的《制作大全十字花纹》中还有着详细的记载。

　　和大家一直以来的印象不同，藏纸并非由单一的制作原料构成。实际上，除了采用生长在柏树林中的瑞香狼毒草制作的最上等的藏纸，还有以白芷为原料的中等藏纸，以及品级最低的由桦树根茎制作而成的藏纸。至于记载那些珍贵异常经文的藏纸，则是以稀有的沉香为原料制作而成。

在距离拉萨市区不到 80 公里的尼木县，正是当今藏纸的重要产地，这里生产尼木藏纸，已有 1300 年的历史。

尼木藏纸的制作工艺非常精细，它从采摘原料开始，历经采料、泡洗、捣碎、去皮、撕料、煮料、捶打、打浆、浇造、晾干、揭纸，以及砑光等工序，才能完成一张千年不腐的藏纸。

一株株带着泥土芬芳的狼毒草根茎，在到达造纸厂后。

首先，它会被浸泡清洗，以去除表面的泥土杂质，随后便会被放入石盘用铁锤捣碎，方便分离外皮与内芯，而当捣碎后的外皮被分离干净后，我们才能得见藏纸原料的真容——狼毒草的根茎内芯。到这一步时，才算是真正开始了藏纸的加工程序。

将被捶打过的狼毒草根纤维沿着脉络撕成细丝，入锅煮沸，在这期间，需要不断搅拌来判断狼毒草根纤维的软烂程度，才能得到最为合适的纸料。而煮好之后的纤维，又会被放在石头上反复捶打，直到变成薄饼程度，才会被装入一种手工搅拌容器"甲处"中，进一步搅动成浆。

这时，历经了千锤百炼的狼毒草根早已经面目全非，变成了漂在水中的大量絮状悬浮物。接下来，只要将长方形的纸帘置于水中，用瓢将搅拌均匀的纸浆适量浇入纸帘内沥干水，便能得到一张藏纸的雏形。它经由晾晒，等到九成干揭起再经砑光后，一张全新的藏纸就新鲜出炉了。

由于藏纸具有独特的植物纤维和制作工艺，塑造了它坚韧的内在结构，不仅不易自然风化，而且还有着独特优势——只要是在藏纸上书写的字迹，在遇水后也绝不会晕染，字迹极为牢固。

如今，由于造纸技艺的发展以及核心科技的进步，哪怕是藏族人民，也极少使用传统手工藏纸了。但流传了千年的技艺与精神，却始终留在藏族人民的心中。它将在无数传承人的努力下，焕发出与时代同步的崭新生机与力量。

第三篇
DI SAN PIAN
叁
制度与风俗——发现信仰的力量

再等一下，等到飘逸的奶香四溢，等到酥油的拥抱和热茶的记忆交融在一起，一口下去，就是唇齿间最为温柔的回忆。

只需一杯青稞酒的敬语，便足以唤醒你心中的敬畏与豪气。一场风云，一次洗礼，中华民族如同严冬过境后那坚韧的虫草，熬过寒冬，珍稀融合却从未断续；只是一个小小的金瓶矗立，就能安定一方、安居生息。

如此欢乐，怎会少得了一场丰盛的庆礼，只待一轮明月升起，朵朵酥油花盛开，就是在指引你闯入拉萨不为人知的人间烟火气息。

第一章
独一无二的治理，从未停止

千里之外的牵挂，是跨越山高水长的征途。无惧层层阻隔，从未断绝的深情厚谊，是中华民族血脉的流淌，缔结了这份美好。

● 这位驸马都尉，你好吗 ●

你是从什么时候开始了解拉萨、认识西藏的？

一次听闻？一次旅行？还是源于一场血脉相通的情缘？

千百年前，一位西藏的驸马都尉，迎娶了他远道而来的汉族妻子。一片热土，两个民族，遥遥相望的历史，从那一刻起，开始汇流。

那是唐贞观十五年（641），千里迢迢从大唐而来的文成公主，终入吐蕃，而等待她的，是经历了一波三折、最终得偿所愿的驸马——松赞干布。

此刻，年轻的赞普无比兴奋并难掩激动之情，这不仅是因为迎娶大唐公主让他夙愿得偿，更是因为他作为吐蕃赞普的远大目光。他看到的，是汉藏情谊由此生根发芽的未来，那是一种民族的归宿，是一种炙热与感动，是一份沉甸甸的深情。这不仅仅是藏族人民之幸，更是中华民族之幸。

如今，当游人们尽情流连于拉萨的名胜古迹时，依旧能在那一幅幅壁画、一尊尊雕塑、一座座掺杂着岁月风尘的石碑中，观望出当年文成公主入藏时留下的痕迹。

这位伟大的大唐公主，将自己的一生都奉献给了他乡，这份无法抹去的汉藏深情，使两个民族的血脉筋膜紧紧地连在了一起，也让松赞干布和文成公主的故事，从此落地生根。

那时的松赞干布可能不曾想到，这份情谊的长久，在辗转了千年之后，

依然是中华民族历史长河中不可磨灭的温存记忆。他挥毫展开的，是一幅民族团结代代欣荣的壮阔画卷。

这位最为著名的吐蕃赞普，曾被唐高宗册封为——西海郡王、驸马都尉，他也因此得到了那流传千古的美名，成为唐朝时期最著名的一任宫廷夫婿。

在松赞干布之后，还有另一位被称为"胡须先祖王"的吐蕃赞普，他在几经遣使大唐求亲后，同样也得到了朝廷的回应，他就是赤德祖赞。而第二位从大唐远道而来的公主，正是大名鼎鼎的——金城公主。

此后，尽管岁月流转，偶有纷争，但吐蕃与中央政权的关系始终有根有源，成为中华民族不可分割的重要组成部分。

唐长庆元年（821），唐朝和吐蕃双双派遣使节，首先在长安盟誓，次年又前往吐蕃重盟。这一次，他们要为两个民族，树起一座屹立不倒的丰碑，实现两大民族的共同愿望——和平。

两年后，在拉萨大昭寺前，一座石碑于此处落成，汉藏双语的碑石盟文上，镌刻了两族人民的友好，让吐蕃与大唐的距离，虽远在天边，又近在咫尺。

这次盟誓后，唐朝与吐蕃的纷争得以画上句号，这座屹立千年的唐蕃会盟碑，直到今日，依旧在默默陈述着历史的温度。

纵观历史，不难发现，西藏地区始终保持着与中央政府的紧密联系。这种联系开创于唐朝、确立于元朝。可以说，正是有了中央政府的携领，才让西藏地区各项事业的发展有了持续性的进步。

自唐朝之后，历代中央政府与西藏的关系更加紧密。元世祖忽必烈将西藏地区视为整个国土中不可分割的一部分，除了设置了掌管全国佛教事宜并统辖西藏地区军政事务的宣政

院，还将西藏的刑法、历法、清查户口、赋税、任免官员等方面的制度进行了全面统一，使西藏在各个方面的政策皆与中原相同。

此外，元朝政府还在西藏设立了三个直属于宣政院管理的宣慰使司，这三个相互之间彼此独立的部门，在西藏历史中被称为"三区喀"。就今西藏自治区的地域而言，当时分归其中两个宣慰使司管辖——今拉萨、山南、日喀则、阿里等地归乌斯藏宣慰司管辖；今昌都一带及那曲地区东部归朵甘宣慰司管辖。

1951年，西藏和平解放，高原上的古老民族在历经了岁月的坎坷磨砺后，在这一刻投入了新时代的怀抱。

8年后，中央政府与西藏人民经过一系列艰难的斗争，终于废除了万恶的农奴制，百万农奴翻身做了主人，西藏的政治经济建设，从此进入了社会主义大发展的康庄大道上。

万里迢迢的山水、千回百转的岁月，都不曾冲淡彼此的情谊；历史的更替、血脉的生生不息，一切都在轮回中得以展露新颜。

不论时间如何变幻，人们从未忘记本源，如同那位驸马都尉与文成公主的琴瑟和鸣，传承着民族交融的千古佳话。

●金瓶方寸间，是安边的智慧●

一阵阵虔诚的祷告，一次次普度众生的讲法，在拉萨，你若有缘与一位活佛相逢，一定会被他那份虔诚与智慧感染。

生活在熙攘都市中的人们很难想象，这份轮回了上千年的因果，仍能在今时今日延续着它的圣洁与坚毅。

思想的确立需要不同见解的相互碰撞，信仰也是如此。如今在人们心口坚不可摧的信仰，在过去的岁月里，也曾险些断绝。幸好还有那个小巧的金瓶，是它，用无与伦比的智慧捍卫了这份心中的荣光。

公元7世纪时，随着佛教在西藏的落地生根，西藏的本土主流教派——苯教，受到了挑战。两种宗教在博弈中既相互融合又不断影响，逐步形成了西藏佛教的独特样貌。

当佛教逐步发展壮大，取代苯教的地位成为西藏的主流宗教后，佛教各个教派之间开始产生竞争和分歧。它们在不断的合并中争夺资源以得到更好的发展。在这种分毫必争的紧张局势面前，教派领袖的圆寂，无疑是对该教派发展的一次重伤。

在各种矛盾的不断累积下，当时还很羸弱的藏传佛教噶玛噶举派为了发展壮大，开创了可以避免教派领袖圆寂后对苯教派产生不利影响的活佛转世制度。

这种融合了佛教轮回思想的教派领袖传承方式，有着兼顾教派世俗利益的优势，因此迅速被其他教派吸取采纳。

但这一切，仅仅是表面上的和平。

有利益便会有争夺，西藏各大家族势力很快意识到，在这种转世灵童制度背后蕴含着巨大政治、经济利益。于是许多家族为了壮大自己的势力，便通过多种方式"暗箱操作"，将转世灵童纳入自己家族内部，以至于造成各系活佛转世皆出于一门的情况。家族势力不断膨胀，按捺不住的欲望之心让各大家族伺机而动，终于和平消失，战争爆发。

1791年，一支从今天的尼泊尔远道而来的军队，迈着贪婪的步伐，踏上了西藏的土地。他们此行的目的，是去洗劫扎什伦布寺中由乾隆帝御赐的奇珍异宝。

令人难以相信的是，引狼入室之人，竟是藏传佛教噶玛噶举派红帽系活佛沙玛尔巴。这位被西藏大家族左右的转世灵童活佛，因为对扎什伦布寺中的珍宝起了贪婪之心，由此对他的兄长仲巴活佛产生了怨恨，甚至不顾自身活佛的身份，以报复兄长的行为引来了他国的贪狼。

这支尼泊尔军队入侵西藏，几乎没有遭到有力抵抗，只不过1000人的军队，就占领了扎什伦布寺，并将寺内的奇珍异宝搜刮殆尽。而这时，沙玛尔巴活佛的兄长仲巴活佛也早已借着"不可与贼拒战"的神谕旨意，携着贵重财物逃之夭夭，弃职责于不顾，尽显人性的贪婪之恶。

这一事件，不仅震惊了整个西藏，也让乾隆帝下定了整顿这肆无忌惮的转世灵童制度的决心。他迅速派兵进入西藏进行反击，并攻入了尼泊尔首都。

惊恐万状的敌人立即对乾隆帝称臣请降，不仅退还了在扎什伦布寺中抢

掠的财物，还将已在尼泊尔亡故了的沙玛尔巴活佛的尸骸送回了故土，并承诺永不再进犯西藏。

乾隆帝在解决了战事后，便开始惩治涉事僧官、整顿藏政，并废除了红帽系活佛的转世制度，勒令其主寺——羊八井寺改宗格鲁派。

在这之后，乾隆帝下令让以福康安为首的中央代表与七世班禅额尔德尼、八世达赖喇嘛等西藏宗教高层人士具体协商，修改出了一百零二项具体条款。之后又再次修订，整理成为一部共计二十九条的章程，这便是著名的《钦定藏内善后章程二十九条》。

1793年，《钦定藏内善后章程二十九条》正式颁布实施，其中第一条，就明确规定了西藏达赖喇嘛、班禅额尔德尼和格鲁派各大活佛的转世，都需要经中央金瓶掣签后方能被认定，使得中央的权威地位与控制权得以确立。这是清政府首次将金瓶掣签制定成法律的形式昭告天下。

西藏政教首领达赖喇嘛、班禅额尔德尼等各界人士，都对乾隆皇帝的这一处理方式表达了绝对的拥护和感激。困扰西藏多年的教派矛盾，以及无数的明争暗斗，终于得到了解决。此后的西藏再也没有出现过转世灵童"率出一族，与世袭爵禄无异"的现象。

金瓶又被称为"金奔巴"或"金本巴"。藏语中，奔巴就是瓶的意思，能够被装入这件金瓶的转世灵童"签"，也并非寻常的竹签，而是由象牙制成并书写有满、汉、藏三种文字的签。

然而，就算有了金瓶掣签制度作为标准，想要成功找到转世灵童也不是件容易的事情，其中，还有诸多严谨的流程。

签入金瓶后，需要选派真正有学问的活佛诚心祈祷7日，才能提交到北京的雍和宫或拉萨的大昭寺，再在理藩院尚书或驻藏大臣的监督下，从金瓶中掣取一签，报请中央政府后，方能生效。

与大家想象的不同，并不是所有活佛都是由金瓶掣签选出，也不是每次都有三位灵童作为备选。金瓶掣签制度中还有着极其严格的差额遴选。

在备选的灵童不足三人的情况下，就会使用空白的签牌补足差额。假如没有成功抽出带有名字的签牌，就代表着还需要另找灵童。

有些时候，在所有人都认可某一位灵童为上一任活佛转世的情况下，只要经由经驻藏大臣和其他高僧上报朝廷，经中央许可后，这位灵童就可以免于使用金瓶掣签。九世、十三世达赖喇嘛就是由清政府批准免掣的例子。

金瓶掣签制度的诞生，让西藏无数大家族贪婪的欲望得以遏制，让无数失望的藏族信徒佛心重拾。它如同一次洗礼，将脏污剔除，只留下真实的美好。让一份和平与安定，永远流淌在藏族人民心间，成为中华民族共同的记忆。

● 风云，从驻藏大臣衙门吹过 ●

在人潮涌动的拉萨古城八廓街内，一座座古色古香的建筑，已默默地伫立了上千年的时光。它们用一种秘而不宣的力量，诉说着一段又一段曾经在这里上演过的传奇，有形且无声。

在大昭寺的北侧，一座看似普通的三层院落中，蕴含着曾让历史中风云难测的西藏重归平静的力量。这，便是清朝政府驻藏大臣衙门。历史中那些千钧一发的抉择时刻，就曾在这里发生。

那时的西藏，由于许多历史遗留问题，曾发生过多次动乱，战争的洗礼让清朝政府意识到了西藏安定的重要性，于是，驻藏大臣一职应运而生。

1709 年，康熙皇帝派遣侍郎赫寿前往西藏。起初，赫寿只是以中央临时专员的身份西藏处理各项政事。此时的他虽然没有被任命正式的官职，但他的这一临时身份却成了驻藏大臣的前身。而将驻藏大臣正式推上历史舞台的契机，则要从 18 年后的一场战乱说起。

那年，由噶伦阿尔布巴为首的西藏地方贵族，为了夺取首席噶伦之权发动了战乱。西藏一度沦为战场，百姓颠沛流离，民不聊生。

获悉此情的清朝政府立即向西藏派兵，一举平定了这场战乱。

这场史称"阿尔布巴之乱"战乱的平定，成就了两件大事，一是在平定战乱的过程中，集结了西藏军事力量并成功擒获乱党贼首的颇罗鼐，不仅被雍正帝封为了贝子，之后又晋封为郡王，颇罗鼐最终还以首席噶伦的身份总理西藏的地方事务。

第二件大事，便是正式设立了驻藏大臣来行驶监督管理西藏之权。同时，清政府还在驻藏大臣身边留有可以供其调配指挥的清兵，驻守在驻藏大臣衙门内。如今在八廓街上见到的驻藏大臣衙门遗址，就是这一时期设立的。

之后，清朝的皇帝们都对驻藏大臣重视非凡。雍正皇帝不仅让钦差大臣常川驻守，还将驻藏大臣分为两员，用以确保在任何时候都有熟悉西藏情况的大臣值守在西藏。

1736 年，由于西藏政治局势平稳，乾隆皇帝遂将驻藏大臣由两员减至一员。但是好景不长，在权谋和欲望的催发下，西藏政治风云再次莫测难辨，看似平静的雪域，却涌动着暗潮。

1747 年，那位曾被任命为督导郡王的颇罗鼐去世了，继位者是他的次子珠尔默特那木札勒。这位由颇罗鼐强烈举荐的继任者却辜负了父亲的嘱托，他生性恶劣、乖戾诡谲，窥视着那份不属于自己的权力。

此时执掌清王朝的乾隆帝早就获悉了珠尔默特那木札勒妄图"内谋排除异己，外图脱离大臣羁绊"的野心，再加上时任驻藏大臣的纪山所显露出的谄媚包庇的异心，让身在北京的乾隆帝深感西藏局势不稳。

于是，乾隆帝立即采取了措施，不仅再次恢复了驻藏大臣的二员制，还亲自选拔出心腹之臣傅清、拉布敦前往西藏任职驻藏大臣，加强了对珠尔默特那木札勒和纪山的监视。但是，被贪婪和欲望蒙蔽了双眼的二人，却没能悬崖勒马，终究铸成了一场悲剧。

此后，清朝废除了西藏的郡王制，颁定了第一部治藏法律文件——《酌定西藏善后章程十三条》。在这份章程中，驻藏大臣的地位得以加强，郡王的权力转化为了达赖喇嘛与驻藏大臣的共同权力。

这一前提是，达赖喇嘛必须接受供奉当今皇帝像。此后，西藏的一切政要，都将经由达赖喇嘛与驻藏大臣共同裁决后方可生效执行。这一举措，也将西藏政治上的决定权逐步交移到了中央手中，有效防止了地方祸乱，让西藏更加安定祥和。

驻藏大臣的设立发展，历经几十载，几代帝王苦心经营，才逐步走向顺遂。

1793年，在驱逐廓尔喀军队一年后，清政府颁布了《钦定藏内善后章程二十九条》。这二十九条章程具体翔实，将包括了镇抚、贸易、租赋、边防等多方面的西藏政务问题都囊括其中，使这些重要纲目以制度的形式确立了下来。

章程还使驻藏大臣与达赖喇嘛、班禅额尔德尼具有平等的地位，就连活佛转世所执行的金瓶掣签制，也必须经由"驻藏大臣亲往监同抽掣"后，才能得到中央的承认。这一章程的颁布，让驻藏大臣总揽西藏政务的权限达到了最高。

一路走来，驻藏大臣的丝丝变化，也映衬着西藏的成长。从无到有，从设立到完善，他们陪伴西藏经历了场场战役、次次硝烟。他们于一次次危难时刻化险为夷，让无数流离失所的人民重建家园，民族血脉的围墙得以加固。这是驻藏大臣的史诗，也是中华民族团结一心、不屈不挠的智慧力量。

第二章
时光那么慢，只为拉萨好味道

食指大动，让一份别样的风情帮你果腹，能让你味蕾念念不忘的珍馐，不是山珍海味，而是天地馈赠在高原之上的一份盛情。

● 你与拉萨，差一杯酥油茶 ●

西藏民间流传着一首谚语，"宁可三日无肉，不可一日无茶"。酥油茶，正是西藏诸多美食中的灵魂。它于拉萨的大街小巷中肆意飘香，若在清晨，踱步邻间巷里，你便会被那参差悠扬、此起彼伏的打酥油茶的声响吸引。这是一场晨光的协奏，是它唤醒了惺忪的睡眼，让人们嗅着阵阵飘逸的奶香，开始崭新的一天。

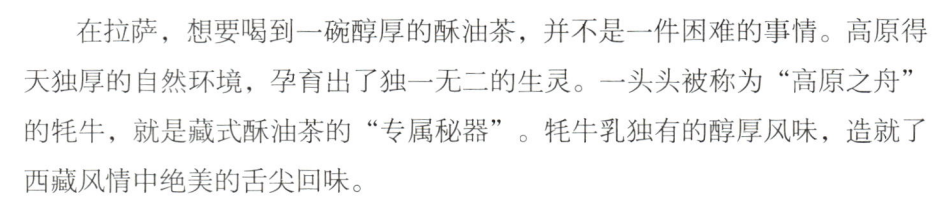

在拉萨，想要喝到一碗醇厚的酥油茶，并不是一件困难的事情。高原得天独厚的自然环境，孕育出了独一无二的生灵。一头头被称为"高原之舟"的牦牛，就是藏式酥油茶的"专属秘器"。牦牛乳独有的醇厚风味，造就了西藏风情中绝美的舌尖回味。

酥油茶的制作过程，更能为来到拉萨的游人们增添几分美妙的体验。如果你愿意跟随藏族阿妈的脚步，就能亲身体验到其中的乐趣。

你可以选一个风和日丽的好天气，手提着藏族人家用传统工艺制作酥油时必不可少的称之为"雪董"的酥油桶，这种集盛放、制作酥油为一体的工具，是获取酥油最为重要的工具。

嗅着空气中清爽的香气，缓步走到一头头牦牛面前，勤劳能干的藏族阿妈会用她熟练的手法挤出香醇的乳汁。当装上满满一桶的时候，你便可满载而归，进行酥油的制作。

相对于世界上那些步骤烦琐的美食，香醇的酥油茶就如同藏族同胞一样，显得简单而纯朴。其中唯一的秘密，就藏在这由天地馈赠的珍奇乳汁中。

当它们被藏族阿妈在"雪董"里上下抽打千百回后，奇妙便发生了，香醇的牦牛奶上浮起了一层泛着金黄色的脂肪物质，这就是酥油。藏族阿妈会将这层漂浮着的脂肪取出，用皮口袋冷却保存，这是制作上好的酥油茶的第一步。

作为酥油茶的核心原料之一，酥油的珍贵已全然融入在了藏族同胞耗时耗力的手工制作过程中。几百斤的牦牛奶，才能提取到五六斤的酥油，想来，也只有如此勤劳淳朴的藏族人民，才能让千百年的风味得以长盛不衰。

取出茶砖，小火久熬，随着一壶好茶的香味四溢，一场水乳交融的"遭遇战"即将开启。你会看到，热情的藏族大哥将滚烫的茶水倒入用来搅拌茶汤的"董莫"之中。

这种筒状工具就是酥油茶的"诞生地"，茶水、酥油，再加上一点食盐调味，用"甲洛"这种搅拌工具上下抽动十几下，滚烫的茶水就会融合在醇香的酥油中，阵阵香甜由此唤起了人们的嗅觉。搅拌均匀了的酥油茶被倒进锅中加热，这样才能成就出一碗香醇的酥油茶。

香了？馋了？想一口喝下？别急，端坐在藏式方桌前，眼见着碗被滚烫的酥油茶注满，一场藏式的待客礼才刚刚开始。

被倒入碗中的酥油茶冒着热气，身为客人的你要和主人聊上几句。等到主人提起酥油茶壶来到你的面前时，你便可以端起碗来，将碗中的油花吹开，美美呷上一口，再配上一声赞美："这碗酥油茶打得好！油茶都在一起。"喝吧，品吧，尽情享受吧！

坐在桌前，和主人边聊边喝，只要你喜欢，这碗酥油茶，一天都不会见底。等到宾主尽欢的时候，只需要在告辞之前，多喝几口，将漂着油花的茶底留在碗里，这就是告别的藏族礼仪。

醇美的酥油茶，如今不仅仅是藏族群众每日必备的饮品，更是诸多游客从拉萨离开时必买的纪念品。

身为千百年来藏族人民的日常饮食，酥油茶不仅能够充饥开胃，其中的茶叶还可以弥补高原上因缺少蔬菜带来的维生素缺乏。

酥油茶中所富含的油脂和营养可以御寒，也可以预防天气干燥所带来的嘴唇干裂，而且，它还是初来乍到的游客们的一剂缓和高原反应的良药。

拉萨之旅的魅力，是点滴汇聚而成的风情。当你拜过大小昭寺，游过布达拉宫，在拉萨的晴空万里中渴了、乏了，最不能错过的，就是这一碗热气腾腾的酥油香茶。你只需随意找处老店，放下浮躁，接过一碗香醇，一饮而尽，让拉萨的风情沁入你的心扉。

● 敬天地，敬祖先，敬自己 ●

举起一杯青稞酒，你最想敬给谁？爱你的人，你爱的人，陌生的人，逝去的人……

人的一生，有太多遗憾和不舍，需要一次痛快酣畅的释放。在拉萨，一碗芬芳的青稞酒中，蕴含着的是西藏人民心中的答案。

生长于高原之上的青稞，很不一般，这种在藏语里被称为"乃"的植物，作为酿造青稞酒的必要原料，与它的亲戚"大麦"境遇迥异。

严酷的生长环境使青稞拥有了非同一般的生命韧性，如同西藏人民的那份淳朴与坚强，被融在了滴滴青稞酒中。

许多尝过青稞酒的人都知道，青稞酒度数低、不干口、醒酒快，哪怕不胜酒力的姑娘，也能喝上两杯。但要讲起它的由来，却无人知晓，只知道它与一颗颗生命力顽强的青稞有关，最终变成了入口甘甜的美酒。

说起青稞酒的制作，实在称得上是一场时间的艺术。先将洗净的青稞倒入锅中，加入约六成的水将其蒸煮。一边蒸煮，一边翻滚，眼见着一颗颗青稞在吸饱水分后愈发膨胀，直到它们受热均匀达到八分熟，这时，就是青稞最好的样子。

只要将青稞静止20～30分钟，尚有余温的青稞就会将锅中的水分吸收殆尽，然后，将它们在白布上铺平，将酒曲肆意地挥洒在它们身上。最后，只需要将一切交给时间，不出两三天，就会获到甘甜的青稞酒。

在拉萨，你若是能够交上三两个当地好友，恰逢节日去他家拜访，那一定少不了一场大醉。好客的西藏人民会用他们一整套独有的"藏式酒文化"让你知道，什么才是真正的西藏。

通常在盛大的节日时分，有条件的家庭会端出银质的酒壶、酒杯，并在壶嘴和杯口处粘上一小块被称为"噶尔坚"的酥油来象征圣洁。这时，你需要做的，唯有等待，等待主人开始提起酒壶。在你接受第一杯敬酒的时刻，便是一次跨越千年仪式的情景再现。

"三口一杯"的藏式风情饮法，是藏族独有的特色。接受敬酒的客人，要即刻拿起杯子，以右手无名指尖沾取青稞酒，向空中、半空、地上弹三下，以示敬天、敬地、敬祖先，或者敬佛、法、僧三宝。然后小喝一口，再由主人续满酒杯，再饮一口，主人又会把杯子倒满，这样喝完三次，便可一饮而尽、滴酒不剩。而后就可以大口喝酒、大块吃肉了。

当你酒足饭饱后，不要想当然地以为这就是结束，因为按照风俗，还有一大碗"饭后银碗酒"等着你。

身为主人的藏族大哥会向客人们逐一敬酒，凡是能喝的人就绝不能拒绝，不然还会有两大碗酒等着你。在藏族，有这样一句玩笑话："喝酒不唱祝酒歌，便是驴子喝水。"在主人敬酒的过程中，你便会真正地意识到，什么才是藏式风情的能歌善舞，什么才是真正的热情好客。

若是被能歌善舞的藏族朋友劝酒，你可千万不要惊慌，因为这是他们表达亲热情感的方式。为了宾主皆能尽欢，藏族大哥往往都会竭尽所能地唱起祝酒歌，希望你将杯中酒一饮而尽。若是实在不胜酒力，也可以用无名指点

取青稞酒，将手举向右上方弹三下，就可以取得主人的谅解，不再劝酒。

饮酒接近尾声时，藏族人民还有着一些"可爱"的小动作，他们会将剩下的酒倒在杯子里，若是刚刚够一杯，便是吉祥如意的好兆头。有时候，藏族人民还会将酒壶和瓶中的最后几滴酒倒在手中，抹在头顶，祈求为自己带来幸运和福报。

青稞酒，几乎融入了藏族人民的全部生活中。不论是婚丧嫁娶，或是其他的大事小情，都少不了它的身影。

每逢过年，藏族人民还会在青稞酒中加入红糖、奶渣、糌粑、核桃仁等，合煮成一锅被称之为"观颠"的八宝青稞酒。大年初一时，全家人齐聚一堂，一起守着热气腾腾的"观颠"庆贺祝福新的一年丰收吉祥，阖家安康。

关于青稞酒，高原上还流传着一段传说。

相传，古时候有一位美丽善良的姑娘路过南塑山时，被山中恶神看中，企图霸占。姑娘不从，恶神便以断绝降水、化身巨龟喝干当地水源作为要挟，逼姑娘就范。却不想姑娘纵身一跳，跃入了山涧之中。

之后，姑娘幻化成了海马，腾空而起成为潺潺泉水，解救了百姓。上天得知了她的行为，便严惩了恶神，使其化为镇泉巨龟。

百姓们为了感恩姑娘的善举，便将泉水命名为海马泉作为纪念。到了清朝。奉命前往西藏敕封达赖喇嘛、班禅额尔德尼的张廷玉路经此地，以水配

青稞酿酒，终成青稞酒，并随着达赖喇嘛和班禅额尔德尼朝贡的珍贵礼物一起献给皇帝，博得了康熙帝的认可，成了进贡佳品。

一杯小小的青稞酒，在席间的分毫进退，便将藏族人民的智慧与文明体现的淋漓尽致。神灵得到敬畏，家人得到亲热，朋友得到祝福。

如今，这传承千年的藏族酒文化早已衍生成一种标志，让每一个经历过的人，都体味到信仰与真情，敬天地，敬祖先，敬自己。

● 风吹的时节，不忘风干的牛肉 ●

世界屋脊之上，在苍茫的雪域与草场的相互映衬间，一头头雪域珍宝正拖着厚重的毛发，迈着悠哉的步伐，歆享着高原芳草的香泽。

这是一群与南极企鹅、北极熊齐享"世界三大高寒动物"盛名的西藏牦牛。在这群牦牛的身上，你能了解到的，不仅仅是一部有关于西藏动物界的生命史诗，更是一份千年美食的线索。

论起牦牛，便不能忽略它们在藏族人民生活中的地位与影响。一直以来，牦牛都是藏族人民生产生活中不可或缺的一部分。

古时候的一群牦牛，往往就是一家人的全部生计，不论是托运青稞、输送肥料，还是拉犁耕地、运输货物，全都少不了它们的存在。牦牛是青藏高原的精灵与象征，更是西藏牧业的根本。

藏族中流传着这样一句谚语，"凡是有藏族的地方就有牦牛"。牦牛繁殖快、抗病能力强、耐高寒、耐粗饲、身躯壮硕，是全身都是宝的大型牲畜。

不论是作为勇士们的坐骑、牧民们的牲畜，还是作为行车赶路的拉夫，数千年来，牦牛与藏族人民相生相伴。甚至如今，很多藏族人家依然靠燃烧牦牛粪便的方式进行取暖。

如果沿着一条美食的线路去西藏探索牦牛的痕迹，你就会发现，在西藏，牦牛还是一种让你食指大动的动物。

牦牛肉中富有丰富的蛋白质，并且味道也极为鲜美，只要在西藏品尝过牦牛肉，一定难忘其独特的口感。这种具有药用价值的肉类，不仅风味独特，更极其适合在冬天滋补。如果在寒冬的夜晚，吃上一碗炖牦牛肉，将会使你四肢百骸顿觉舒畅、一暖到心。

在古时候，由于保存条件有限，智慧的藏族人民想要为冬季储备食物，往往都会将牦牛肉晾晒成干，以备在远行或冬天食物不足的情况下食用。这种在当年因为条件所迫、不得已而形成的风味，如今却成了代表西藏特色食品的风味美食。

提起牦牛肉，我们最为熟知的成品"风干牦牛肉干"，是一种带有椒盐辣味的风味牦牛肉干。当人们漫步在八廓街中，熙攘的街头，牛肉干店林立在街道左右。热情的店主会请大家挨个品尝试吃，酥脆的牦牛肉干让人唇齿留香，每一条肉丝都散发着香气，让人的双脚实在很难再迈出店铺。

琳琅满目的货架上，不同种类的牦牛肉干令游人目不暇接。当你满载而归的时候，是否想过，如此美味的牦牛肉干，是如何制作而成的呢？

许多人都想当然地认为，风味如此独特的牦牛肉干，在制作过程中必然会经历一次耗时长久的晾晒。但实际上，拉萨的牦牛肉干并不需要日光长久的曝晒，相反，它必须在阴暗的地方风干。

一份好的牦牛肉干，口感的获得全部依赖于肉皮、肥肉、瘦肉这三种食材的配比。当地人会将宰杀好的牦牛切割成宽窄适中的块条，为达成最好的口感配比，还会在肉的表面撒上大把的辣椒、花椒、食盐等调料进行调味。复合的味道会随着时间渗入牦牛肉的深层，化为拉萨牦牛肉干的特色风味。

早就深谙制肉之道的藏族人民，能够十分熟练地掌握好这份巧妙的平衡，以形成牦牛肉干的最佳口感。而后，借助高原所独有的气候条件，将一份完美的风干牦牛肉干，递交到游人手中，成为一份美好的纪念与回味。

手里拎着香气四溢的风干牦牛肉干，游走在拉萨的大街小巷，你或许会误以为，自己已经品尝到了牦牛肉干的精髓。如果是这样，你便是低估了藏族人民对于美食的探索与追求。

在西藏，还有一种忠于原味的风干牦牛肉干等待你的品尝。喜好纯粹味道的你，一定会被那肉质酥脆的风味折服，这些不经腌制、由新鲜的牦牛肉切割风干而成的肉干，拥有着别样的口感。而在这份口感背后，又是另外一个关于时间与智慧的故事。

通常，这种原汁原味的牛肉干在经过清洗之后，就会被切成10多厘米厚、5～10厘米宽、30～50厘米长的肉条进行风干，等到2～3个月后，就可以食用了。

在制作过程中，偷懒是绝对不行的，这份美味，要用布包或纸箱保存，始终保证干燥悬空，才能收获一份原汁原味、肉质酥脆的原味牦牛肉干。

此外，在拉萨，你或许还能有缘发现一种"奢侈"的美味——整条风干牦牛腿。每年藏历新年前3～4个月时，藏族人民便会开始风干牦牛肉腿的制作。

这种牦牛肉干，会被悬挂在室外见光的通风处进行晾晒风干，只待新年一过，便能大快朵颐。眼见着一整条风干牦牛腿被端上餐桌，轻轻用藏刀割下一片，蘸着特制的辣椒酱一起入口，便是藏族人民对自己一年辛苦劳作最好的犒劳。

一挂挂油亮飘香的牦牛肉干飘散出的是藏族人民千百年来对生活的追求，是他们的智慧与风情。当你行至拉萨的街头，感受微风轻拂，嗅着空气中的阵阵肉香，不用怀疑，这就是藏族人民最幸福的时刻。

第三章
4000 米的高原，遇见最深的缘

从女孩开始，就注定了这份柔情中的坚毅，梳起头发，步入婚姻的殿堂，是爱情的结晶，成就她家中的呼唤和脊梁。

● 满身的装饰，是婚嫁的风情 ●

提起藏族人民，无数人脑海中最先浮现出来的，一定是那身上穿着半开襟藏袍、头上戴满蜜蜡珠宝，充满藏族风情的高原红形象。这些既鲜艳又珍贵的珠宝，堆砌成了一个民族的特色，也让一位位藏族姑娘的姻缘，显得风情万种。

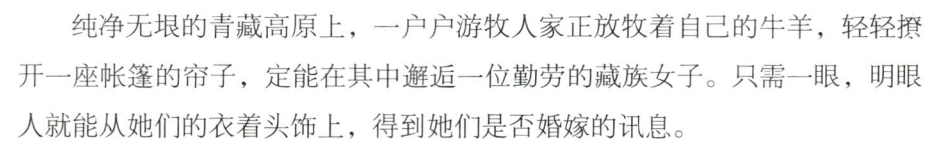

纯净无垠的青藏高原上，一户户游牧人家正放牧着自己的牛羊，轻轻撩开一座帐篷的帘子，定能在其中邂逅一位勤劳的藏族女子。只需一眼，明眼人就能从她们的衣着头饰上，得到她们是否婚嫁的讯息。

在西藏，已婚的藏族农牧区妇女，会将自己的头发编成两根辫子，在编发的中段使用一种藏语叫作"扎休"的发饰和头发一起编制，然后将编好的彩辫稳稳地盘在头顶。

"扎休"是藏族女性十分热衷的一种发饰，它通常是由三条粗细相同但颜色不同的彩线组成。彩色的"扎休"加上整齐的发辫，形成了那种独特的藏式风情，配上一身夺目的珠宝，更是让人目不暇接。

自古就以游牧为主的西藏人民，常常需要迁徙在草原之上，而那些在迁徙过程中积累下来的财富，往往很难带走。因此牧民们便将自己创造的财富换成珍贵的宝石蜜蜡，作为自己妻子和女儿的头饰。这种移动的资产，既美观，又解决了不断迁徙带来的不便，从而形成了如今的藏式特色。

随着历史的不断发展，这些珍稀美丽的饰品，也成就了藏族女子婚嫁的传统。不论是身上的装饰，还是头上的珠宝蜜蜡，都成了女儿们的嫁妆。这既是属于她们的个人财产，也体现着每一户藏族家庭对于孩子的祝福和珍视。

每逢婚嫁时，女子的头饰更像是"美丽的负担"。藏族姑娘的整个发饰极为沉重，不仅要按照自己的年岁将头发梳成小辫，还要顺着发路在两颗珊瑚当中穿上一颗猫眼宝石固定在头顶，以此来象征身份的高贵。

家中越是富有，猫眼宝石便会越大。人们往往更为偏爱三眼、九眼、单眼的猫眼宝石作为装饰。新娘一般浑身上下都会挂满由宝石制作成的首饰，如果遇见大户人家，甚至会将许多更为珍贵的天珠等物作为陪嫁给女儿。

若干年后，当母亲去世后，母亲曾经陪嫁的物品还会传给自己的女儿，就这样代代相传。由于这样的装饰过于隆重和珍贵，如今的藏族女子除了在盛大场合，是不会穿戴得如此整齐的。

令我们印象最为深刻的藏族服饰——宽筋束腰，胸口突出酷似麻袋一般，留有空隙的半搭上衣，是高原人民在适应高海拔以及当地气候后所形成的传统。这些纯皮毛制成的上衣，不仅在昼夜温差极大的西藏保证了人们的温暖，也在烈日炎炎时脱下系于腰间。宽大的衣襟，不仅可以存放食物，酥油、糌粑、茶叶、茶碗等都可以放入怀中，还可以将孩子放入怀内，方便在外出时照料。在藏族已婚妇女的身上，你甚至还能见到她们随身携带用来防身割肉的藏刀、奶钩子、荷包等物。一些大户人家，还会将珠宝镶嵌其上。

在一身藏族服饰中，不论是否婚嫁，配饰大量使用的绿松石，都是一大特色。这种对绿色的偏爱，源于藏族宗教神话中"佩带绿松石能净化血液"的传说。同样，红色珊瑚的应用，也是"尚红"观念的一种体现。

一份姻缘的开始，就是一生的牵挂和责任。在西藏，勤劳的藏族妇女撑起了家的脊梁。那闪烁其上的蜜蜡珍宝，不仅仅是一份馈赠，更是藏族女性如同宝石般闪耀的品质。

● 一条哈达，牵起段段姻缘 ●

洁白的哈达穿越千载，飘扬在高原的历史中。一份份美好的祝福，被真诚地献于来往游人的颈上。那一幕幕幸福的光景，仿佛都凝聚在一条条哈达之上。

在拉萨这片热土之上，每一位藏族姑娘的大喜，更是少不了哈达的相伴。

相传，哈达是八思巴应邀前往元朝廷回到西藏时带来锦帛作礼物。在那之后，这种白色的锦帛便被当成是一种表示友好祝福的礼节性物品，成为藏族礼仪文化中极为重要的一部分。

古时候，哈达是藏族人民说亲之前最为重要的见面礼。那时，想要婚配的藏族家庭，必须要通过献哈达的方式来获得对方的值年属相，再由活佛及相关历算人员卜算后，才能确定是否因缘相合。洁白的哈达如牵丝引线般，一开始便见证了一段段姻缘的美满。

任何一场藏式传统婚礼的举办，都是男女双方两个家庭最为瞩目的大事。家长们甚至会在孩子幼时便开始为此做准备。

在订婚时，一条条哈达就汇聚成了必不可少的的"见面礼"，伴随着丰厚的礼物，男方会给女方家人呈上这份祝福。

在两方家长宾主落座之后，身为主人家的女方，便会献上藏式糕点——"切玛"，敬上茶酒款待。而男方也会向女方家献上藏式的围裙——"帮典"，以象征着母亲养育儿女的"奶钱"。

互赠礼物后，就会有两位证婚人出场，一人高声朗读一式两份的婚约，待另一人核对无误后，由证婚人将两家家印盖于婚书之上，再由女方与男方的代表交给对方的父亲，用哈达再次表示谢意后，便完成了订婚的仪式。

藏族家庭都非常重视婚礼的仪式感，婚礼的组成往往要有许多环节和物品的参与才能进行，而哈达就是其中极为重要的一点。

迎亲时，男方会为女方配一匹盛装打扮、颜色与女方属相吻合的怀孕母马供新娘骑乘。当男方的迎亲队伍到达后，首先会将彩箭插在新娘背上，再将璁玉放在新娘头顶，表明新娘已经成为男方的家人。

女方也会派一位陪人与姑娘一同前往男方家。在离开娘家的时候，女方家人们会在高处拿着羊腿彩箭，高喊着"不要把我家的福气带走啊"，直到姑娘走远。

前往男方家的路途中，新郎家人要从路旁向马队进三次酒，若是路上发现有病人、倒垃圾的人、背空筐的人，便会视为不吉利的象征，要在婚后请

僧人消灾。

经历了一路的喜悦，到了新郎家中后，这里的哈达更是无处不在。无论是下马、进门、上楼、入厅，每一处都少不了哈达。每一次不同的仪式，都需要献一次哈达，以表祝福。

新娘一到，装满青稞、麦子的垫子正放在下马处，垫子上铺着五彩锦缎，正面用麦粒摆出吉祥的符号。新娘要脚踩在符号上过门。男方家人此时会手捧切玛和青稞酒在门口迎候，入了门，便是烦琐的进门礼，一条条哈达再次被用以祝福，敬酒、拜佛、献父母……

历经了一层层仪式后，两位新人终于可以被送入洞房。此后，家人们便会大摆宴席，三天不休，亲友会陆续送来哈达和礼物，完成一场完整的藏式婚礼。

一条条洁白的哈达，就像一条条穿针引线的姻缘红绳，见证着新人们的爱情与幸福。

如今，时光流转，新一代的藏族青年们已经极少会举行一套完整的藏式传统婚礼。他们在同一片蓝天下自由恋爱，自主婚姻，免去了许多仪式化的麻烦。这是时代的幸福，亦如那颈上的哈达，随风飘扬。

● 美美的高原红，是家中脊梁 ●

一提起藏族的姑娘，首先浮现在脑海中，一定不是柔美温润的小女子形象，而是一抹高原红下，质朴和善良的笑容，以及勤劳忙碌的身影。

在成为新娘的一瞬间，藏族姑娘就毅然撑起了一个家，成了家中的脊梁。

在拉萨市墨竹工卡县的扎西岗乡，培拉家的甜茶馆开始了新一天的营业。这家甜茶店，是十里八乡的甜茶店里生意最好的一家。不仅许多过路的人会来此歇上一歇，甚至还有人慕名而来。

这家夫妻店，是由善于经营的藏族妻子培拉来负责主要事宜，丈夫米玛帮忙"打下手"。这种模式的藏族家庭，正是万千藏族家庭的缩影。无数藏族妇女们在劳动中担当主力，用自己的智慧与双手，为一家人的幸福添砖加瓦。

综观世界，勤劳的藏族女性拥有的地位，都是十分罕见的。

清代《西藏志》中就曾有记载，西藏素来就有"生育以女为喜""西藏风俗女强男弱"的风俗习惯。现如今，西藏男女比例更是达到了基本为1比1的均衡比例。比起那些曾经让女性在历史中扮演过弱势角色的民族，藏族同胞在对待女性的态度和传统上，走在了世界的前沿。

这绝不是毫无根源，每一位藏族姑娘变成新娘、成为母亲的过程，都是一部辛勤的史诗。自幼便会帮母亲分担家务的藏族女孩，在成为人妻后，便会褪去华服，开始为她自己的家庭付出一切，直到她成为母亲，展开又一个轮回。

当你走入一户传统的西藏家庭，就会清楚地了解到他们和谐的家庭分工。"男主外，女主内"的模式，几乎被所有的西藏家庭认可。勤劳的西藏女人操持家务，而女人在外赚钱，重活累活由男人承担，家庭一切的照料都是西藏女人的分内之事。

在藏族牧民中流传着这样一句顺口溜，"小孩的脚磨起茧子，女人的手磨起茧子，男人的屁股磨起茧子"，一语道破了藏族家庭的生活内容。

在传统的藏族家庭中，小孩子自幼便承担起放牧的职责，女人就是操持家务的主力，而结了婚之后的男人则显得"优哉游哉"，这些其实只是

他们的分工不同，家庭中的每一个成员都在用各自的方式为自己的家庭做出贡献。

清晨，在太阳还没升起的时候，藏族妇女们的劳作便开始了。有女儿的藏族妇女，会和家中的女儿一起做好早餐。在将家里的儿子送去放牧后，她们便会开始酥油的制作。将挤好的牛奶汇聚在一大桶酥油桶中，勤劳的藏族妇女要在酥油桶中用木棍上下捣动上千下，才能完成酥油的制作。

而后，她们又开始马不停蹄地料理家务，将家里打扫的一尘不染。当所有的杂事全都做完时，太阳才完全升起。到了中午，早早做好的午饭端上桌，吃完后，家中的女儿就要和妈妈一起进行下午的劳作。

藏族妇女的一天，就是如今无数全职主妇的浓缩体现，她们用自己的辛勤劳动，换得了一家人的舒适和富足。

如此勤劳的藏族女人，在家中所起到的作用是无可替代的，在家庭中的地位也是举足轻重的。不仅大多数藏族女子都和男人一样，拥有同等的财产继承权，甚至在有些地区，家族中的长女和长子一样，都可以继承户口。

在这样的传承中，诞生了许多精明能干的藏族女性领导者。许多藏族男人在娶妻时，往往不注重新娘的外表是否美丽，他们更注重的是新娘是否有着健康的体魄和聪明的头脑。

这是无数个藏族家庭汇聚成的历史，也是一幕幕家庭和睦的温情。

一户户藏族家庭的美好生活，是由勤劳能干的藏族女人和勇于担当、负有责任的藏族男人，以及年少经事的藏族儿女们，一起绘成的幸福画卷。那一抹浓浓的高原红后面，是一颗颗无私奉献的心，这与其说是藏族同胞家庭生活的传统，不如说是每个人对于幸福的定义。

第四章
节庆的序章，是沁人心脾的薄荷味

放空身心，投身一片欢腾。在这场纯粹的快乐里，无须取舍，化身为其中的一分子，就是高原之上浸染身心的纯粹喜悦。

● 这里是林卡节，这里风和日丽 ●

夏天的风刚刚吹暖拉萨的土地，罗布林卡便热闹了起来。

一辆辆汽车里、一头头骡马上，从四面而来的人们呼朋唤友、携家带口，恨不得将自己一年的喜悦全部装入车中。

人们仿佛迁徙般前往罗布林卡的林地"安营扎寨"，这是一年一度的"林卡时节"开始了。

每年藏历 5 月，西藏人民便迎来了他们过林卡的美好光阴。钟情户外活动的西藏人民，会在这夏日伊始的日子里，展开一次与大自然共舞的狂欢。

茂密的林间，悠长的拉萨河畔，三五成群的西藏人民，进出在一顶顶白色的帐篷里。小小的帐篷内外蕴含着无数的喜悦，大家架起围炉，安置座椅，铺上卡垫，舒舒服服地将自己一身的疲乏释放。

桌面上摆着青稞酒、酥油茶，各种美味佳肴堆砌成山，亲朋好友聚在一起，打藏牌，掷骰子，促膝谈心，圈地而舞。交融着许多现代化娱乐设施的当代，"林卡"正焕发着新时代的生机。

每逢林卡时节，不论是谁，都会有幸参与到这场狂欢中。当你走入林卡时，千万不要惊讶于大家的热情。若你被突然拉住，投入一场舞蹈中，一定不要惊慌，你只需尽情释放自己的快乐，和大家在夜以继日的欢乐中，唤起自己内心本真的喜悦。

生活在拉萨的人们还会在"过林卡"的时候进行一系列比试娱乐内容。

最重要的，人们可以前往树林中，体会天然氧吧的自然乐趣，观赏参天古木、绿树如茵的美景，将自己的身心放空在这绿色的空间，让孩子们从小便和自然紧紧联系在一起，让"过林卡"成为一次美好的回忆。

随着夏日的结束，旷日持久的"林卡节"，也接近尾声。这种美好的节日，在藏族人民的心中有着无可替代的位置，它之所以不会被时代的发展淹没，就是因为它是藏族人民和自然联系在一起的机会与纽带，是纯粹的快乐和祝福。

如今的拉萨，仿佛天天都在过林卡，那些洋溢在人们脸上幸福的笑容，就是给陌生人最好的礼物。

● 相约纳木湖畔，开启虫草节之旅 ●

你相信自己会有缘见到海拔 4700 米以上的风光吗？你想了解纳木错湖畔的美景吗？你梦想着从雪域高原的土壤中，采挖到一棵属于自己的虫草

吗?那么来吧,一起相约在纳木错湖畔,寻觅虫草之旅正等待着你。

　　位于青藏线上的拉萨市当雄县,坐拥着冰川草原、雪山温泉、唐古拉山、纳木错湖等著名景点。在近年来的发展中,当雄县立足自身优越的旅游资源,开展了一系列"旅游＋文化"和"旅游＋活动"项目。

　　每年5月中下旬的虫草文化旅游节,便是当雄县从路线、方式和服务着手,为远道而来的旅客们量身打造的高端旅游品牌。

　　在每年5月中下旬到6月上旬的这段时间里,只要你感兴趣,便可以一大早从拉萨出发,和亲朋好友们一起坐上前往纳木错的客车,展开这场由当雄县倾心打造的虫草节高端深度游。

　　被称为西藏三大圣湖之一的纳木错,是古代预卜祸福的圣湖。在传说中,它还是帝释天的女儿、念青唐古拉的妻子,是一位身骑飞龙、腾云驾雾的女

神。她右手执龙头禅杖，左手握佛镜，是北方诸神中最具权威的神灵之一。

在藏语中，纳木错的全称是"纳木错普摩"，它因为那仿佛从天而降的气势与圣洁，被藏族人民亲切地称之为"天湖"。

"错"便是湖的意思。每当夏季时分，就会有许多喇嘛前来朝圣，噶举派的达隆塘巴扎西贝等著名高僧，都曾在12世纪末的时候，前来纳木错湖畔修法。

传闻中，这里是诸佛护法神集会的地方，每到藏历羊年之时，便会在这里设坛大兴法会，因此，每到藏历羊年时，虔诚的信徒们就会不远万里长途跋涉，前往转湖。

据说，如果是天命之人登上湖边的山丘，就可以从纳木错的湖水倒影中，看出奇异的景象。走过纳木错湖畔，随处可见的玛尼堆无不表露着信徒们的虔诚与信仰，若你愿意在此停留，向湖中投掷一颗石子，便能在此处收获一份古老的祝福。

观赏完了壮美的纳木错，就已经接近黄昏。你无须担忧疲乏的身躯与略感空洞的胃肠，很快，在乌玛塘乡巴嘎村，虫草节的行程中，还有一场盛大的晚宴等着你。

日落时分，最热闹的篝火晚会开始，一头头烤全羊金黄酥脆，藏族同胞们热情的歌舞表演牵动着你的心弦，大家围着篝火齐聚一堂，载歌载舞。跳到兴起时，便会手拉手围着篝火一起摇摆舞蹈。你心头的那份纯粹的喜悦和美好便会被悄然唤醒。

这时，如果你已一身疲乏，就可以携上亲朋好友，一起享受这里的温泉给身心带来的释放与疗养，让四肢百骸在这微凉的夜晚里，洋溢起暖暖的幸福。

一晃来到了第二天早上，在吃过一餐地地道道的藏式早餐后，被香醇的酥油茶唤醒了的身躯便会对今日的旅程跃跃欲试。今天，才是虫草节的重头戏，远道而来的游人们，会在当雄县牧民们一对一的优质服务中，前往山丘，寻觅虫草的身影。

西藏虫草这种雪域珍品，只生长在青藏高原及其边缘高寒地带的草甸中，若不是在当地牧民的带领下，你绝难寻觅到它的身影。

身处海拔 4700 多米的纳木错湖畔，跟随着当地藏族同胞的指引，步步攀登，望着巍峨的山峦，或许你才能明白，为何虫草如此珍贵。

凛冽的寒风吹拂着脸颊，一抹抹高原红中，映衬着藏族同胞们朴实无华的笑容。在他们长久、耐心的指引下，人群中终于有人发出了惊喜的叫喊，一颗正宗的西藏虫草展露出了它的容颜。

表面土黄或棕黄色的虫草，头部为黄红色。虫色光亮、肥大黄净、草头细长发黑等特征，都说明着这株虫草的珍贵。根据当地有经验的藏族同胞介绍，真正的虫草，断面还会呈现出实心黄白色的特征。

虫草是不可多得的珍贵药材，这时，刚刚手握虫草的兴奋劲儿渐渐消逝，或许会开始忧心无力负担如此珍品的你大可放心，在这次纳木错虫草节中，采挖获得的虫草，在不超过五根前提下，都可以用人民币 50 元一根的价格收入囊中，堪称彻彻底底的"白菜价"。

清代吴仪洛在《本草丛记》中曾记载，虫草性味甘温，补肺益肾，化痰止咳，是治久咳不愈虚喘的良药；对于产后虚弱，男性体虚等症也有着非常好的疗效。

现代医学研究发现，虫草中富含冬虫夏草素、草酸素腺苷和多糖，能够抑制多种病菌的生长，具有抗癌的活性物质。对于人体的内分泌及神经系统具有极好的调节性，是不可多得的良药。

跟随着当地藏族同胞的脚步，在一天辛苦的劳作后，纳木错虫草节的活动也接近了尾声。值得一提的是，这次活动，不仅仅是游人们的一次深度体验，更是牧民们的一次收获。

当雄县政府会在活动中，承担牧民们的向导费，不仅让远道而来的游客们体会到了贵宾级的优质待遇，又增加了当地牧民们的收入，实现了双赢的文化深度游。

如今，市面上有许多谎称为冬虫夏草进行售卖的药材，实际上，它们都不能称之为是虫草。真正有价值的虫草，只有中华虫草菌侵染蝙蝠蛾幼虫生长而成的中国冬虫夏草。如果将采摘后的虫草晒干密封，再次打开的时候，就会闻到一股浓烈的腥味儿，这也是西藏正统虫草的鉴真方式之一。

收获着一份纪念与喜悦，体味着一层质朴与纯粹，美好的虫草节不仅展露出了西藏的珍稀物产，更是将那一份深入骨子里的风情浸染身心。慢下来，感悟自然，聆听一场高原的奇迹，一颗虫草正在破土而出，等待着与你的相逢。

● 在酥油花灯节，赏七彩酥油花 ●

每当藏历正月十五的夜晚来临，拉萨，便开启了一场盛会。

大街小巷，一轮轮花灯亮起，街头犹如群星落尘，奕奕生辉。无数善男信女，携亲朋好友走上街头。通宵达旦的灯会上，到处都是摩肩接踵的人们，热闹非常。

格鲁派创始人宗喀巴大师为了纪念佛祖释迦牟尼，于明永乐七年（1409）正月，在拉萨大昭寺举行了万人祈愿大法会。

雄浑的法号声响起，黑夜中，大昭寺的僧人们在金顶围坐着。随着僧人们的轻声颂唱应和。煨桑的火炉中火光冲天，人们争相把手中的"桑""吉祥草""糌粑"投进香炉，随着一阵阵法号声与火光的映衬，无数游客仿佛置身于香巴拉的世界。

徜徉于灯海人流之中，观赏着花架上形象各异、五彩缤纷的神仙人物和种类丰富的花鸟等形象，眼前的一切都会让你惊讶于藏族人民的心灵手巧。

一轮花灯点燃后，身处其中的你，千万不要讶异这种盛大的景致。这种仿佛穿越般的热闹场面，对藏族同胞来说，就像是汉族的元宵节一样重要。古时候，达赖喇嘛和主要官员，甚至还会出游寻赏花灯，与民同乐。

转身来到另一条街道上，你或许就会遇到那些有趣的藏族民俗表演。藏族艺人们展露着他们的拿手绝活，吸引着各个年龄段的观众。每一个人都全身心地享受着这具有藏式风情的特别节日。

提起酥油花灯节，最不能忽略的一定是那一朵朵酥油花。酥油花虽小，但它们的制作过程并不简单，从扎骨架、做胚胎、敷塑、装盘，全部的工序都是由艺僧们亲手完成。

或许，只有你目睹了艺僧们在制作酥油花时所耗费的心血，才能明白酥油花在他们心中有着何等重要的意义。

通常情况下，新一年的酥油花都是从上一年度的花灯节上拆除下来后，再加上一些全新的草木灰进行反复捶打制作而成。这种制作方式不仅成就了具有极好韧性与弹性的黑色塑造油泥，也能更方便地在花灯骨架上勾勒出准确的造型。

制作过程中，最难最辛苦的一步就要数敷塑了。这一步骤中，艺僧们不仅需要在加工成膏状物的乳白色酥油中揉进各色颜料，以制出具有西藏特色的色彩，更要防止因为手上的温度升高使酥油出现胚胎变形的情况。

因此，艺僧们的工作环境通常都会被限制在零摄氏度的作坊中，同时，他们的身边还会放一个盛满冰块的水盆，他们需要时不时将手伸入盆中降温，才能继续制作。

大多数多年从事酥油花制作的艺僧们手上，都会生出大大小小的冻疮。在他们这种几近忘我的艺术追求下，一朵朵美丽的酥油花才得以绽放出光彩。

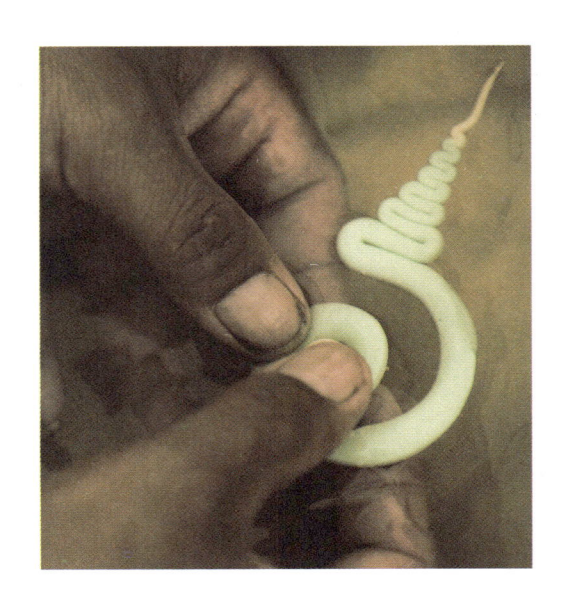

在西藏，这些专门从事酥油花制作的艺僧们，自幼学习技艺，终其一生将心血奉献在酥油花上。他们通过层层工艺的手工制作，将一架架组合好的酥油花灯呈现在世人面前。

在一架酥油花灯上，有着少则数十、多则上百的人物走兽，数不胜数的亭台楼阁，不论是一两米高的菩萨金刚，还是小至数毫米的花鸟鱼虫，全都惟妙惟肖，神形兼备。

这些杰出的酥油花灯作品，将佛教与凡间的景致结合在了一起。分处在不同地区的人们，在酥油花灯节这一天，心连着心，祝祷着同一份心愿。

一年中，能让拉萨烟火浓郁的时节并不多见。在酥油花灯节这个热闹非凡的日子里，携上家人，带着一份祝福，许下新一年的愿望，抬起头，满堂的酥油花盛开。拉萨，就是世上距离幸福最近的地方。

第四篇 肆

DI SI PIAN

体育与歌舞——典型的人间日常

走近一点，再近一些，高原之上，绝不能远远观望一场竞技。那是一次次热血的洗礼，马背的翻腾，背负着藏族人民的生命魅力，也象征着一场热血沸腾的回忆。

　　那就亲近一些，再亲近一些吧，好目睹一场圣洁神秘的藏戏，它将指引着你，走入难忘的洗礼，而后欣然等待一阵说唱侵袭，伴随着古韵的风情汇聚，顺流而下。

　　撑着牛皮船走吧，依山傍水之间，没有迷途知返的道理，只有一场未知的"流浪"正在等你。

第一章
粗犷壮美的体魄，是西藏底色

风和日丽的一场期盼，就在这一场场竞技；风驰电掣的一击，成就了身姿的壮美与荣光的意义。在这里，跃跃欲试的绝不止是你。

● 马背上的竞技，持续了300年 ●

在拉萨地区，乃至整个西藏，赛马都是西藏同胞最喜爱的传统运动之一。这项运动不仅是西藏农牧民闲暇之余集会、交流农牧业生产经验时必备的娱乐项目，也是藏族精神的展示。

藏族以前是游牧民族，马儿对于这个民族来说，既是重要的生产工具，更是生活中的亲密伙伴。爱马是他们的天性，懂马是他们的天赋，赛马更是藏族同胞生活中娱乐的主要内容。在西藏大大小小的节庆活动中，赛马是其中不可缺少的内容。

说到藏族赛马的历史，可以说，当马儿成为藏族人民家庭生活的一分子后就有了这项运动。在藏族史诗《格萨尔王传》中，就有格萨尔赛马登位的传说。公元7世纪郎日伦赞时期，赛马运动开始在吐蕃王室、贵族和军队中流行开来，至13世纪下半叶，这项凸显英雄气概的竞技运动已在西藏各地盛行。

在长期艰苦的游牧生活中，藏族人民形成了勇敢、正直、有担当的民族性格，因而在他们心中，力量、勇敢、智慧成为衡量男人成熟和个体价值的标志。而赛马是体现这一标志最好的方式。因为任何一项运动从来不是蛮力的较量。正如藏族谚语说的那样："赛马要在平坦的草原上，英雄要在烈马的脊背上。"

藏族男儿需要荣耀，藏族的马儿需要荣誉，这就决定了作为比赛用马并不是任何一匹马都可以胜任的。藏族的比赛用马有一套严格的挑选规范，主要从两方面的来选马，一方面从马龄、健康程度以及形体入手，包括马的口齿、身腰、步态，口齿适龄、骨骼清奇、步伐稳捷才是上等之选，另一方面要从吉祥如意的信仰入手，挑选红色或白色的骏马，有个好兆头。之所以要挑选红色或白色的骏马，是因为在藏族人民心中，红色、白色代表着昌盛、安宁、幸福，具有神奇的威力。

选好比赛用马后，就要开始特别的调教驯养。每个地区在训马方面都有各自的独家秘笈，以拉萨市当雄县为例，当雄县的藏族人民在赛马前的40天到2个月，每到深夜就把马浸泡在冰冷的河水里，到了凌晨后再拉出来遛马，给马梳洗。经过冰冷河水浸泡过的赛马，跑势凌厉，富有耐力。

西藏的赛马节有很多，如藏北赛马节、江孜达玛节、当雄赛马节、定日赛马节。其中，拉萨当雄的赛马节已于2008年被收录进国家级非物质文化遗产名单。当雄赛马节在藏语中称为"当吉仁"，"当"是指当雄，"吉仁"意为祈愿法会，"当吉仁"是当雄县的民间祈愿法会和赛马节。

当雄赛马节距今已有370多年的历史。17世纪中叶，蒙古和硕特部落首领固始汗率部入藏，选中拉萨西北部平坦宽阔、水草丰美的当雄牧养军马，进行军事训练。固始汗规定骑兵每年举行一次检阅式，这便是当雄赛马节的缘起。

每年的 8 月 8 日，在当雄县迎来最舒爽适宜的旅游黄金时节的同时，当雄赛马节也如期地在有着"当雄城之肺"的阿热湿地侧畔的赛马场开幕。2019 年正值中华人民共和国成立 70 周年，西藏民主改革 60 周年，在以"极净当雄、策马扬鞭"为主题的赛马节现场，身着节日盛装，从四面八方赶来的藏族同胞，与在以七彩风车为背景的舞台上的牧民群众、学生及民间艺人，通过一首首嘹亮欢快的歌曲，一段段热情奔放的舞蹈，表达了对伟大祖国的赞美。

2019 年的赛马节除了有常规的赛马环节，还有纳木错环湖赛等竞技项目，以及抱石头、男女拔河、古朵、押加等藏族传统体育项目。同期举行的还有藏族服装展演、锅庄晚会、《天湖四季牧歌》等文化活动。可以说，如今的当雄赛马节，已不单是纯粹的赛马活动，更是藏族的文化盛宴。

随着当雄赛马节知名度越来越高，影响力越来越大，当地政府正着力将其打造成为发扬民族体育、展示传统民族文化和物资展销交流为一体的文化旅游产业品牌；同时，也计划着打造"当雄藏文化马术小镇"，用马蹄连接阿热湿地、纳木错湖等知名景点，将赛马场打造成具有藏族鲜明特色的马文化体育娱乐核心区。

当然，赛马节的重头戏还是赛马本身。许多参赛者和观看赛马的各族群众都会提前好几天带足行李和食物，在赛马场旁边搭起帐篷及灶台，大小帐篷星罗棋布，欢歌笑语响彻天际。雪域高原呈现一派繁荣祥和的节日景象。

赛马本身是人马合一的竞技运动，无关年龄，只与勇气、胆识、气魄、技艺有关。在比赛前，参赛者们会精心装扮自己的爱马。除了配上精美的鞍鞯、辔头，还要在马的额前挂上用彩色绸缎扎成的花，脖子上也要披挂上彩缎，同样的，马的尾巴也要用彩缎扎梳成辫形。

除了马，参赛者也要打扮一番，华美的彩衣穿身上，圆底尖角的红缨帽或大头帽或金花帽戴头上，显得格外俊美潇洒。当比赛的哨声响起，藏族同胞身上流淌着的马背民族的血性就被点燃了。参赛者驾驭着他的骏马如同离弦的箭一样冲了出去，奔向远方。

凡是比赛，总是要决出名次的。冠军、亚军、季军都有丰厚的奖金，令人艳羡，但其他人也不会因此而垂头丧气。在西藏，赛马比赛的前 13 名都会有相应的奖励。这是为什么呢？

无论是否获奖，在我们眼里那些参赛者都是马背上的英雄，他们都是藏族非物质文化的继承者。

● 藏式斯诺克台球，用手指打 ●

"非常高兴能够和西藏各地的高手一起交流，获得这个冠军是对我非常大的鼓励，希望今后这类特色体育运动不仅是作为休闲娱乐的方式，也能成为传承藏族传统民俗文化的重要载体。"

在 2018 年 7 月举行的西藏自治区第十二届运动会暨第四届民族传统体育运动会上，来自拉萨代表团的巴桑次仁获得了"吉韧"比赛的冠军。这块金牌同时也是此次运动会的首枚金牌。

"吉韧"是藏族一项历史悠久的传统民族游戏，距今已有 300 年的历史。这项游戏最初是从印度传来的，经过多年的藏化成为藏族的一种游戏。它的特点是趣味性浓厚，讲究技巧性但又简明易学，无论大人小孩都很容易上手，因而深受广大藏族群众的喜爱。

"吉韧"的游戏规则和斯诺克台球较为接近，故俗称"藏式台球"，而它的台面又与围棋的棋盘极为相似。具体来说，"吉韧"的桌面长、宽均约 1 米，四边嵌有木板条。木板条一般用坚硬的桦木制作，使其不易变形，四角各有一个洞口。

"吉韧"的母球为白色，称为"安则"；黑白两种扁圆形球各 9 个，另有一个称为"多玛布"的红球放于球台中心。所有球也都是用桦木制作而成，大小如同大衣纽扣。

"吉韧"比赛采取三局两胜制，分两人单打或四人双打。比赛开始前的棋子布局十分讲究，先用 6 个白球围绕红球摆成人字形，再把黑球每 3 个一组并成品字形，贴于由白球摆成的人字形空隙中，剩余的 3 个白球则紧靠着黑球。

虽然被称为"藏式台球"，但"吉韧"击球用的并不是球杆，而是参赛者自己的手指。在一些友谊性质的篮球比赛中，裁判通常会以抛掷硬币的方式，来决定比赛双方的场地和首先发球方。"吉韧"比赛也有类似的仪式。

比赛伊始，任意一方将母球握在手中或握空拳让对方猜手中是否有球，猜中者便可优先开始，按规矩首先击球。

过程中，双方会力争将属于自己的黑球或白球弹入任意一个洞中。只有打进一个己方的球才可以击打"多玛布"，如果把"多玛布"打进洞中，还需要再打进己方一个球，否则就要将"多玛布"从洞中取出。如果"多玛布"入洞有效，该局得胜者积7分，其余每局只积1分。在领先者达到23分之后，"多玛布"的分数按照每局最后所剩的石子数计算。先达到29分者胜出。

成为"吉韧"赢家的关键，很大一部分在于掌握手指用力的分寸。手指太过用力会将球击飞，用力过小又弹不着球。因而训练"分寸"感，是每个想要成为"吉韧"高手的人每天都要锻炼的功夫。

"吉韧"在西藏虽然不像足球那般称得上是全民运动，但在民间还是有着广泛的群众基础，尤其是在藏族同胞平常最爱去的甜茶馆，你随时都能看到有人围在一起玩"吉韧"。喜欢玩"吉韧"的人，年龄跨度很大，上至六七十岁的老人，下至不满十岁的孩童，只要会玩的，都对"吉韧"乐此不疲。

巴桑次仁最初也是在甜茶馆里学会玩"吉韧"的。没有人教他，他就边自己玩边用心摸索，手指和手腕对球慢慢有了感觉之后会找人过过招，就这样慢慢地积累经验，慢慢地提高自己。在巴桑次仁看来，玩"吉韧"最大的好处就是能够锻炼人的反应能力和判断能力，提高人体脑部和肢体的协调能力。巴桑次仁玩"吉韧"已有30多年，参加过三次全自治区的"吉韧"比赛，终得正果。

常言道，高手在民间。甜茶馆的茶客中不乏吉韧高手。这些高手对"吉韧"桌面的要求比一般人要高——必须全手工打制。这类桌面日常养护和维修的费用都很高。在拉萨，能满足这类要求的上好的"吉韧"馆首推位于林廓北路靠近拉萨中学的"同胞"甜茶馆。高手们在这里用手指的分寸和大脑的智慧，在桌面上你来我往，当球进入洞口，旁边观战的人们便发出啧啧的赞叹声。

吉韧在长期的演变过程中，逐步形成了一套完整的竞赛规则。20世纪80年代以后，相关部门为普及和提高"吉韧"水平，制定了《吉韧竞赛规则》，并将此项比赛列入西藏自治区少数民族传统体育运动会。如今，"吉韧"已被列为全国少数民族传统体育运动会项目。

● 该出发了，别错过"大象拔河" ●

正是秋高气爽的好日子，在拉萨老城区游玩了好几天，也想着去别的地方看看。于是在青旅凑了几个伙伴，租了辆车，开往郊区。经过几个人少而幽静的村庄，满眼的林木映入眼帘，原本空空的内心被金色、绿色填满，仿佛置身于一幅古画中。

越往郊区驶去，气温越是凉爽，大地的色彩也越发的浓烈，肥壮的牛羊散漫地游走在金黄的草原上，一切是那么安逸和谐。车上有人说，这么美丽的风景，可别错过了，下去走走吧。于是大家下车，张开双臂，在草原上肆意地奔跑呼喊着，仿佛回到了无拘无束的少年时光。

就这样在草地上玩耍了十几分钟，等停下来的时候，已离车停下的地方有段距离。怀着好奇心，几个人又往前走了走，一路上风吹草低见牛羊。不远处零星有几座帐篷，可能是在这里放牧的牧民家。

想着讨口水喝，就来到帐篷前。有个穿戴着民族服饰的藏族大姐正在帐篷外做饭，看到有人来，也不问"你们是谁""来这里干什么"这类问题，而是微笑着问了声好，倒来几杯酥油茶，藏族同胞的热情劲让人难以忘怀。

大家坐在草地上，慢慢地将酥油茶喝完，边喝边向这位藏族大姐道谢。这位藏族大姐会说简单的汉语，交流起来没有什么困难。于是有人就问："大姐，你这脖子上的蜜蜡真好看，在哪里买的啊？是不是祖传的啊？""大姐，你家有多少头牦牛，多少头大白羊啊？能不能卖给我们一些啊？要便宜点啊，太贵我们可买不起啊。"对大家这些奇奇怪怪的问题，这位藏族妇女只是笑笑，偶尔回答一两句，手上的活一刻也没有停。

看看时间也该走了，正这么想着，远处传来嗒嗒的马蹄声。循声望去，有两个摇晃的白点朝着帐篷的方向奔来。藏族大姐说那骑马的两个人，一个是她的丈夫，一个是丈夫的弟弟。他们两人早上去帮人盖房子去了，因为自家还有事情要忙，吃过午饭就赶回来了。

待大姐的丈夫和丈夫的弟弟下了马来到帐篷前，大姐给彼此做了介绍。大姐的丈夫擦擦脸上的汗，憨憨一笑，黝黑的脸上露出洁白的牙齿。

大姐执意要留我们在她家吃饭，盛情难却，就不再客气了。有点对不住大姐的是，当时吃的什么，现在已完全想不起来了，因为大家的注意力全都被大姐丈夫口中藏族怎么盖房，什么是打阿嘎，什么是跳阿谐，以及藏族有趣好玩的传说故事吸引住了。

拉萨之旅，除了常规行程，大家就是想多了解这个民族的传统文化，这次出行看来是出对了。此时此刻，听的人越听越兴奋，说的人也越说越起劲。说到高兴处，大姐的丈夫叫来自己的弟弟，在一块平地上画上两条平行线，然后在两条线的中间再画上一条线。画完线后，大姐的丈夫走进帐篷，从里面拿出来一条长长的黄色绸布，两头都打了个圈。

大姐看到此番景象，笑着说，两头大象要拔河了。只见大姐的丈夫和丈夫的弟弟先是各自将圈套在脖子上，在背对着背将布条经过胸腹部从裆下穿过，然后趴下，双手着地，把布条拉直。布条中间系了一块红布作为标志，垂直于中线。藏族大姐一声开始，两个男人奋力朝自己的方向拖动布条，两个人你来我往，有时就差一点点，大姐的丈夫就赢了，但那个看上去清瘦许多的弟弟一咬牙，红布又往自己这边移动了几厘米。在一阵喊叫声中，弟弟最终赢得了比赛。

大姐边收拾布条边说，这是他们藏族的拔河，叫"押加"，一到节假日或是遇上节庆活动，就会举行拔河比赛。这时大姐的丈夫接上了话，他说，上午给同乡盖房子休息时，大家觉得无聊，就一起玩了玩"押加"。平日放牧的休闲时间，几个人凑在一起也会玩"押加"，所以家里就一直准备着布条。

大姐的丈夫汉语说得很溜，应该是个见多识广的人。

天色逐渐暗淡下来，虽然没有去成想去的远方，但能在途中遇见大姐一家人，也算是缘分使然。回到青旅，第一件事就是打开电脑，搜索关于"押加"的知识。

原来，"押加"是一种与汉族的拔河有点相同又不完全一样的藏式拔河，在西藏已经有百余年的历史了。它的意思是"大象颈部技能"。此外，人们将布条连在一起，用力互拉往前爬的动作很像是两只大象将长鼻子缠在一起相互拔拉以显示力量，所以又被称作"大象拔河"。

关于"押加"还有个美丽的传说。相传有两个藏族小伙同时喜欢上了一个藏族姑娘，两个小伙子互不相让，姑娘也不知如何选择。后来藏族姑娘想出了一个办法，让两个藏族小伙子进行"押加"比赛，谁赢了就嫁给谁。经过一番较量之后，胜出的小伙子迎娶了这位美丽而又聪明的姑娘。

藏族同胞为什么那么喜欢"押加"呢？简单说来就是这种集比赛、娱乐于一体的体育活动随时随地都可以展开，不受场地人数的限制，规则简单，又有力量性的对抗，自然深受崇尚力量运动的藏族同胞的喜爱。

"押加"这项藏族传统的民族体育运动是在西藏特殊的自然环境和独特的民族生活习俗基础上产生的，具有深厚的群众基础，因此得以传承到现在。在1999年第六届全国民族运动会上，"押加"被正式定为竞赛项目。

对于包括"押加"在内的所有藏族传统的民族体育运动来说，竞技只是手段，传承才是目的。民族传统体育运动是藏族同胞日常生活的一部分，在藏历新年、望果节、赛马等传统节日期间，藏族同胞都会自发组织这些传统的民族体育运动。

保护藏族传统的民族体育运动，是不让这些运动在民间消失，并且利用它们增强藏族同胞的身体素质，追求竞技成绩不是传承的初衷。

第二章
神性的欢舞，跃动了整个山巅

古老的敬畏，是一次质朴的归真，踏着原始而神秘的舞步，让信仰在欢舞中酣畅淋漓，一踏天地宽的信仰，震撼着所有人的心。

● 一步一法舞，视之为信仰 ●

在拉萨流传着这样一句话：去了甘丹寺不去桑阿寺等于朝佛没有圆满。

按照宗教历史惯例，桑阿寺隶属甘丹寺管辖。但两座寺庙间隔着一段较远的距离。不过这段较远的距离并没有挡住朝佛者虔诚的脚步。在体力允许的情况下，人们还是愿意用一颗赤诚的心搭建起通往信仰的桥梁。

说起桑阿寺，名气虽没有拉萨三大寺之一的甘丹寺大，但它的历史也很悠久。1419年，藏传佛教格鲁派的创始人，同时也是甘丹寺创建者宗喀巴，在现在达孜区的老城区中心建造了桑阿寺。

桑阿寺总占地面积约10180平方米，建筑面积2343.8平方米，距拉萨市20千米，1986年11月经当时的达孜县人民政府批准修复开放。从甘丹寺往桑阿寺方向行走，你不用刻意记这座寺庙的模样以供辨认，当你的视线与这座寺庙斜上方山顶如同布达拉宫一样的城堡相会时，你就知道自己的目的地到了。

那座像布达拉宫一样的城堡是桑阿寺的旧寺，如今早已荒废，几乎已成一座废墟，在纯蓝色天空的映衬下，显得久远而沧桑。

桑阿寺规模不大，慢慢悠悠地闲逛，最多半小时也就基本走完了。西藏的每一处寺院都有着独属于自己的韵味。桑阿寺自然也不会例外。桑阿寺被群山环绕，环境清幽，让人感觉像极了江南的莲花。莲叶何田田，鱼戏莲叶间。俗世中人来到这里，整个身心都放松下来，鼻子间是清幽之香，耳朵旁是清修之声。

走进一处院子，院子的地上铺着石板，石板上长着绚烂的张大人花。院子旁边是几间佛堂，其中一间佛堂的墙壁和梁柱上挂满了千姿百态的面具，这应该是跳神表演时用的。跳神当然是一种民间的通俗说法，它的正式名称叫"羌姆"，简要地说，就是舞者戴上具有佛教象征意义的面具，在法器的节拍下直接演示佛教教义的一种宗教舞蹈，又被称为"法舞"。

各式各样的面具是羌姆表演最吸引人的部分。不同形态的面具揭示了人世间的美好与丑恶，将人间的真善美和假恶丑以艺术表演的形式直观表现。羌姆的面具和舞者手中拿着的降魔杵、金刚铃等各式法器，以及身上穿的绣花彩袍、肩膀上披的绣花坎肩、腰间系的丝绸锦缎做成的围裙，还有脚上的藏靴，都是由当地有名的匠人精心制作而成，工艺精湛，美轮美奂，光是这些，就让双眼有了无上的享受。

"羌姆"这种以驱鬼镇邪为主旨的宗教舞蹈，相传是公元7世纪，佛教从印度、尼泊尔和唐朝传入西藏的过程中，藏族僧侣将西藏风舞、苯教巫舞与印度瑜珈派面具神舞相结合而产生的。1419年，在桑阿寺的奠基仪式上，僧侣们表演了"羌姆"的雏形并大获成功。"羌姆"正式成形后，桑阿寺在每年藏历6月24至25日都要举办羌姆法会。

对于当地信教的藏族同胞来说，桑阿寺一年一度的羌姆法会，是他们必须参与的盛会。法会那天，人们会将寺院里三层外三层地围个水泄不通。他们希望羌姆能给他们带去健康，去除病痛，年年大丰收，事事皆如意。

在进行羌姆表演之前，僧侣们先要念诵经文，并举行祭祀仪式。羌姆表演开始时，场上鼓钹、法号齐鸣，先由铁棒喇嘛带领仪仗队出场，然后舞者戴着黑帽金刚、各护法神、鬼怪等面具，以及相关服帽，依次登场展示各种佛法形象。展示完之后，再分段表演各种神鬼舞。

和所有仪轨庄严的宗教舞蹈一样，"羌姆"在身法动作上也有着严格的规定和要求。每一阶段有着不同的舞步，技法也各不相同，而与舞蹈相配合的手势，其变化更是多样。

乐声阵阵，舞姿翩翩，一切既神圣又充满了神秘感。周围的信徒手持念珠，或是双手合十，口中念念有词，双眼炯炯有神。他们用信仰与"羌姆"相互沟通，彼此和谐，汇聚成了一条期盼幸福的闪光长河。

外来的旅者双脚踏足于桑阿寺后，他的朝佛之旅就圆满了。当地的信众参与过"羌姆"法会后，他的祈福之旅也同样圆满了。

法舞结束后，舞者们在乐曲声中边跳舞边逐一退场，信徒们慢慢地离开，寺庙逐渐恢复了往常的安静。

一年又一年，暮暮又朝朝，今年的法会落幕了，明年的法会还会来到。其实信徒也好，普通人也罢，对于无忧无虑的生活的追求都是一样的。

白天与黑夜的不同，是天体运动的结果，而生命与生命的不同，在于追求什么。

你所信的，便是你的果。

● 一个永恒福地，一场驱邪之舞 ●

距离拉萨东面150公里的墨竹工卡县门巴乡雪绒河畔，有座古老的寺庙：直贡梯寺。这座寺庙立于海拔4400米的悬崖峻岭之间，全称"直贡梯密严刹土菩提洲园"，是藏传佛教直贡噶举派的祖庭。

直贡梯寺在西藏的藏传佛教历史上有过非常辉煌的地位。在它最为兴盛的时期，从杂日山、冈底斯山、拉齐雪岭等来此论道的僧侣达十万余众，集会最多的时候达十八万人之多。这么多人来此修佛，寺里自然是住不下的，于是周边的岩洞成了他们的落脚点，岩洞不够用，他们就自己搭建帐蓬住。

　　13世纪晚期，直贡梯寺进入衰败期，直到半个多世纪后才慢慢恢复元气，但规模始终不能达到最盛期。明朝永乐十一年（1413），直贡噶举派的领袖，同时也是直贡梯寺第十三任寺主仁钦贝被明成祖封为阐教王。到了罗桑嘉措被清朝顺治帝册封为"西天大善自在佛所领天下释教普通瓦赤喇旦达赖喇嘛"后，直贡噶举派归达赖管辖。自此时起，直贡噶举派也转而采用活佛转世制度。

　　历史的尘埃阵阵风而去，留下的是人们口口相传的故事。于直贡梯寺而言，辉煌的过去根植于每一处建筑的凝望中，每一丛草木的摇摆中，每一个僧侣的记忆中。画面虽已远，色彩仍依旧。

　　而在这近900年时光沉淀下的绝美色彩中，除了灵塔殿、大佛殿、修禅密室、扎西果芒殿、护法神殿等等寺庙建筑如同斑斓的配色点缀其间，最醒

目的主色当属每年藏历 4 月 25 日举行的为期 5 天的直贡昂却，意即直贡梯寺夏季大法会。在大法会中，直贡噶尔表演是重中之重，需要花费 3 天的时间。

直贡梯寺第九嗣二十八代活佛多吉结波时期，修行者扎巴坚赞曾在直贡溪乌卡尔地区首次跳了"四臂护法神"祭祀舞蹈。而后这种舞蹈便传到了直贡梯寺。后经历代直贡高僧不断修改、完善，最终形成了如今的直贡噶尔，成为藏传佛教宗教舞蹈中的一颗璀璨明珠。

噶尔，藏语意为歌舞，另有"宗教跳神""宗教法舞""宗教羌姆"等称呼。作为宗教舞蹈，噶尔在动作、配乐、面具、服饰、道具上都有着极为严格的规定。

对于直贡梯寺的僧人来说，虽然学会噶尔并不是必修的功课，但也是传承文化的重要一环。在全寺 200 多名僧人中，有近 1/3 的僧人会跳噶尔。每个人扮演不同的角色，甚至有的人需要扮演两个角色。

噶尔的目的是驱一年之邪，祈来年之福。因而将它跳好并不是件容易的事。不仅动作、节奏要牢记心头，还要熟知扮演角色的性格——这是一项艰难的工作，每一个角色并非只有一种类型，光是护法就有 30 种之多，脚下的动作有 7 种。每个护法的性格都各不相同。这就需要表演者不仅要有深厚的佛教修为，熟知宗教故事，还有超高的表演才能。

作为西藏宗教舞蹈的重要代表，噶尔历史悠久，积淀厚重，是中华民族优秀传统文化宝库中一朵绚丽的奇葩。近年来，在各级政府的大力支持下，通过对直贡噶尔的发掘、抢救和保护，越来越多的人知晓了这一原本隐于深处的藏族文化瑰宝，带动和促进了整个西藏宗教舞蹈的弘扬。因而 2008 年 6 月 7 日，噶尔被列入第二批国家级非物质文化遗产名录，自然也成了顺理成章的事了。

身为直贡噶尔的传承人，江白旺扎已经跳了 20 多年的噶尔。可以说，这一宗教舞蹈已成为他生活中最重要的一部分，如同手脚一般不能分割。当年，江白旺扎为了跳好噶尔，拜了很多老师，也付出了常人所不能理解的辛劳，终于有了现今的成就。现在的江白旺扎，每日的工作就是教年轻的僧人跳噶尔。

教噶尔和学噶尔一样难，因为噶尔自诞生以来，就从来没有完整的教材，全由经验丰富的舞者代代相传。为了将这一非物质文化遗产更好地传承下去，20多年来，江白旺扎一直在记录噶尔的表演方法和内容。这项工作对于噶尔的有序传承，以及丰富和完善中国宗教舞蹈史具有积极的意义。

直贡噶尔连接起了世俗文明和神性世界对天地和顺的共同期盼。在这雪域高原，在这世界之巅，在这永福之地，僧人们用或铿锵或轻柔的动作，将最真切的祝福撒播人间，在人海中，在花草间，落满淡定安然。

每个人都能在噶尔的起承转合间，找到属于自己的天堂。正如风有方向，河有转弯。如果远方的旅人对直贡梯寺及其非遗文化感兴趣，友情建议驾车前往。从拉萨市区到直贡梯寺只需要3.5个小时的车程，而且沿途风光无限，足以让你来一次赏心悦目之旅。

在不能自驾或是时间充足的情况下，可选择大昭寺广场每天早上7点左右发往直贡梯寺的班车。途中花费的时间会比自驾多些。

当地有招待所，如果不想太劳累，可以住下。但住宿条件比较简陋，除了方便面和热水，其他配套设施和服务都不太全，需要提前做好准备。最最重要的还是要尊重寺庙的规矩和当地的风俗。

当你的双脚踏于这片圣洁的土地，你会感受到信仰的力量。正如江白旺扎发自内心的对噶尔的深厚感情，每个人对于邪佞的远避，福佑的期盼，也是发自内心的。有了淳朴的希望，就有了追求美好生活的动力。

● 说唱跳，舞出了古韵风情 ●

夏秋之交，和风习习，阳光柔和。到了该出门走动的时节了。这一次，出发去墨竹工卡县门巴乡仁多岗村，目的是去看当地人跳宣舞。这次出行是早就做好攻略的文化之旅，租来越野车，一键启动，直奔仁多岗村的藏塘组。

经过近3个小时的颠簸，越野车停在了藏塘组一处小山坡上。下了车，在早已约好的当地朋友的带领下，来到了一个土石木结构的小院内。在这个寻常的小院内，我们第一次真真切切地体会到了什么叫粗犷而豪迈、婉转而悠扬。

眼前只见一群头戴华丽头饰的藏族妇女和身穿盛装的藏族男子，正以各自的方式悦动着身姿，女子的柔美与男子的刚毅展现得淋漓尽致。整段舞蹈下来，给人以层次分明、循序渐进、恬静中蕴含欢快的感觉。

当地的朋友介绍说，眼前的这种舞蹈名叫"普堆巴宣舞"。"宣"为象雄语，翻译成藏文即歌舞之意。宣舞是一种说、唱、跳相结合的藏族民间传统舞蹈。其舞姿融合了藏族民间舞蹈的精华，别具特色。说唱形式展现了藏族古代语言文学的独特魅力，涵盖了藏族宗教、礼仪、风俗、节庆等各方面的内容。

从朋友口中，我们听到了流传在西藏地区的一个民间说法："普堆巴的宣、羊日岗的藏戏、章达的卓舞。"普堆巴、羊日岗、章达是拉萨河上游直贡地区沿河的三个地方，民间百姓将普堆巴宣舞与同处拉萨河上游直贡沿河的羊日岗、章达两地的著名民间艺术相提并论，可见普堆巴宣舞在当地有着较为广泛的影响。而宣舞最早的来源，则要追溯到吐蕃政权建立之前的象雄王国。

在藏族学者麦仁罗素丹增朗达所著的《漫谈古代历史之敕言精华》中，有这样一段记载："迎请旦巴·幸饶米沃且时人们跳了宣。"旦巴·幸饶米沃且原是象雄王子，为了救度众生而创立了雍仲苯教，可见宣舞这一歌舞形式历史之久远。

象雄灭亡后，宣舞这一歌舞形式并没有随之湮灭，而是传到了吐蕃，继而在拉萨周边落地生根。到了15世纪初，直贡梯寺第十二代法嗣、灌顶大国师顿珠杰布对原有的普堆巴宣舞的内容和动作、服饰等进行了规范和发展，使得普堆巴宣舞更加完美和丰富，其艺术性和观赏性大为提升，成为宣舞发展史上的鼎盛时期。

在旧西藏，由于宣舞服饰讲究、华丽，一般的家庭无法承担，因而只能在迎请直贡法王、法王的坐床典礼、寺院的开光典礼等重大典礼上进行表演。宣舞的表演时间和地点也有着极为严格的规定。而且对于旧西藏的藏族同胞来说，跳宣舞其实就是一种差事。

西藏和平解放后，尤其是民主改革后，特别是改革开放以来，宣舞真正发挥了其民间歌舞的作用，成了大众的娱乐。藏族同胞一方面通过跳宣舞，赞美家乡风光，赞美幸福生活，一方面也让越来越多的人认识了这种舞蹈形式，让人们对藏族传统文化产生浓厚的兴趣。

宣舞曾经因故中断了三十余年，能够在新时期重见天日，并焕发出强大的生命力，与政府的支持分不开。2008年，政府拨款20万元，建设普堆巴宣舞传习基地；2012年，政府拨款9万元，为仁多岗村舞蹈队购买服饰道具；2013年，政府拨款50万元，为仁多岗村舞蹈队购买演出帐篷、服装和道具……

　　普堆巴宣舞的春天，也是宣舞传承人的春天。觉果老人虽然已过古稀之年，但他对于宣传宣舞、弘扬民族传统文化的热情从没有消退过，他说，只要还能走得动，他就会一直跳下去……

　　同样过了古稀之年的罗杰老人，也是普堆巴宣舞的传承人。罗杰从小就对宣舞这种又说又唱又跳的舞蹈很感兴趣。为了更好地理解宣舞文化内涵，跳好宣舞，他不仅从前辈那里学习研究宣舞文化，还对藏族的民间文学、民间歌舞、民间谚语等进行了深入学习。从20世纪80年代开始，罗杰老人不断深入民间，收集整理宣舞相关内容，形成了一套珍贵的直贡普堆巴宣舞原生态歌词、习俗的完整资料。

　　30多年以来，为了弘扬宣舞文化，罗杰老人走遍了直贡地区的每一座村庄、每一条山路。对他来说，能够传承好宣舞文化是最大的夙愿。除了他自己跳宣舞、教宣舞，他的女儿也在跳宣舞，这是他最引以为傲的事。在向大家讲解宣舞历史的时候，罗杰老人跳起了宣舞。举手投足间，这个已过古稀之年的老人显得特别自信。

　　时近黄昏，该是打道回府的时候了。人在车上，思绪却驻留在仁多岗村的藏族同胞的舞姿上。那是风吹稻浪的惬意舒心，是悠久的历史与独特的文化共同谱写的一曲藏族文明之歌。

第三章
酒里有故事，舞蹈里有你我

不要拒绝热情，再饮一杯吧，让所有炙热的话语融在酒里，卸下一身的疲乏，成为真挚的一员，用最原始的肢体语言，充斥你的五感。

● 初见纳如村，寻找谐钦之美 ●

你能想象吗？一个在旧西藏时期为官家、贵族、寺院圈养牛马的地方，如今已是人民幸福、环境优美、邻里和谐的社会主义新农村。为了表达对党和政府的感激之情，也为了歌颂安康喜乐的新生活，这里的藏族同胞常常会在隆重的节庆日子里，跳起欢庆的舞蹈。

这个地方就是位于拉萨市东郊的城关区纳金乡纳如村，而当地藏族同胞跳起的舞蹈，就是古老的大型仪仗歌舞"纳如谐钦"。

"谐钦"是大歌的意思，是一种产生于苯教徒在祭祀天地万物之神的仪轨中的说唱式舞蹈。最初的说唱是一段祝颂词，除了在祭祀天地万物时要吟诵，在举行结婚庆典时也需要吟诵，这就是最开始的谐钦的雏形。

松赞干布统一青藏高原后，社会秩序恢复了安宁，这一时期，谐钦有了很大发展。公元 8 世纪初，吐蕃赞普赤松德赞在西藏第一座剃度僧人出家的寺院桑耶寺落成后，举行了开光大典。在这次大典上，僧侣们就吟诵着苯教时期的祝颂词。

吐蕃时期的"谐钦"还只是在宫廷贵族间表演，吐蕃政权灭亡后，"谐钦"由上层社会流传到民间，在与藏族百姓日常的歌舞相结合后，无论是内容还是形式都有了更丰富的发展，最终成为与于多数藏族歌舞一样的集诗作、音乐和舞蹈三位于一体的艺术表演形式。

说起"纳如谐钦",严格说来并不是本地发展起来的歌舞艺术。纳如村的藏族同胞最初是从雅砻河谷一带迁移到今天的拉萨纳如村的。旧时纳如村有一户贵族,每逢重要的节庆日或是重要的宗教活动时,这户贵族都要组织纳如村的村民唱跳"谐钦"。

当时,村民们跳的是由西藏山南地区雅砻河谷一带传来的谐钦。纳如村的村民通过对雅砻河谷一带的谐钦长年累月的学习与传承,逐渐融入拉萨地区的风格,形成了今天独树一帜的"纳如谐钦"。

"纳如谐钦"规模较大,形式结构庞杂,曲调内容丰富,表演形式多样,主要以生动的语言、形象的比喻来祝福歌颂吉祥人间。唱词内容通俗易懂,词句朗朗上口,给人以美的享受。但凡接触过这一舞蹈的人,都喜欢跳。

在纳如村,谐钦分为"党仁"和"党通"两部分。"党仁"也就是长调,"党通"则是短调。两者用途各不相同,前者只在宗教活动中使用,而后者是供家族迎亲嫁娶或民间节庆时恭贺之用。简单地说就是长调用在宗教仪式上,短调用在民间庆典中。

完整的纳如谐钦由三部分组成:"谐果"(歌首)、谐(正歌)、扎西(吉祥尾声)。谐钦的歌首只唱不舞,按歌调内容和人们的情绪所需可以多次反复吟唱。正歌是随歌有节奏地进行伴舞,在整个谐钦里是内容最丰厚的部分。大型谐钦的正歌可表演 30 个大段,中型谐钦可表演 18 个大段,小型谐钦也可表演 10 个大段。歌尾部分则是热烈、欢腾的舞蹈。

表演"纳如谐钦"的舞者,不管男女,他们的服饰都是自备的,由于每个家庭的经济情况各不相同,因此舞者的穿戴可谓五花八门。但这种差别,不仅没有破坏舞蹈的艺术美感,反而因为样式和色彩的不同,呈现出一种生活的真实美感。

"纳如谐钦"表演时,男女各有一名"谐本"。"谐本"是藏语,意为领歌领舞师。且增老人从 18 岁开始就学习"纳如谐钦",曾担任过"纳如谐钦"表演队的"谐本"。由于唱谐钦歌唱的韵味十足,在纳如村很有名气,他自己也培养了不少会唱谐钦的人才。

原先,由于唱跳"纳如谐钦"见不到效益,村子里很少有人主动学。最多时,村子里仅有 20 多个人能唱跳谐钦,而且其中多是六七十岁的长者,"纳如谐钦"的传承堪忧。近年来,随着政府的重视以及扶持力度的加大,纳如

村"纳如谐钦"表演队积极参加各项演出活动；同时保护老艺人，发挥他们的传帮带作用，结合"纳如谐钦"表演队参加文艺演出活动，培养新一代谐钦艺人。

索朗次仁是"纳如谐钦"国家级传承人，他每年都能享受到传承人补助经费。这是国家对"纳如谐钦"及其传承人切切实实的扶助。正是有了政府的帮助与支持，"纳如谐钦"的老艺人们才能没有顾虑地将自身的技艺和经验好好传授给年轻一代，让非遗技艺代代传承。

● 孤独的牛皮船，与江河共舞 ●

雪域高原的神奇瑰丽，让人来了就想将余生交付给它，不仅在于它有着许多外人不知的生态秘境，更在于它有着独特的民族风情。俊巴渔村就是这样一个所在。

俊巴渔村是整个西藏唯一以打鱼为生的村子。藏族同胞普遍是不吃鱼的，因为他们认为水中的游鱼是仅次于天上的飞鸟的神灵，可以将人们的灵魂带回天堂。因而俊巴渔村的存在在西藏是非常不可思议的。也正是这份不可思议，增加了俊巴渔村的神秘感，让远行之人都想来此一游，一探究竟。

说到俊巴村民为什么可以打鱼吃鱼，这当中还有个有趣的传说。

传说上古时期，俊巴渔村恰好处在雅鲁藏布江与拉萨河的交汇处，由于汇聚了一江一河的灵气，这里的鱼繁殖得非常快，快到河里已容不下更多的鱼。

由于环境所限，许多鱼便生出翅膀飞到天上寻找新的生存空间。渐渐地，长翅膀的鱼越来越多，多到把太阳和月亮都遮盖住了，地上的生灵因为得不到日月的普照和滋润，开始慢慢死去。

天上的神仙看到这个情况，便下到人间告诉俊巴渔村的村民可以捕鱼和吃鱼，并赦免他们由此带来的罪过。从此，万物生灵又恢复了勃勃生机，而俊巴渔村的村民捕鱼和吃鱼的习俗也就流传至今。

来到拉萨市曲水县境内的俊巴渔村，村民会告诉你他们打鱼吃鱼的原因，这是与传说完全不同的真实故事。

在旧西藏，俊巴渔村的村民每年都要服长途水上货运的差役。从拉萨东部的墨竹工卡县到拉萨或是山南的沃卡，二三百公里的水路上，都可以看到俊巴村民用特制的牛皮船运送茶、食盐、牛羊毛、杂货等的身影，这一来一往便是几百年的历史，常年在水上飘荡，慢慢地，吃鱼捕鱼也就自然而然了。

在枯燥乏味而又长时间的运货途中，服差役的俊巴村民在休息时，自创了一些娱乐活动放松。此时，牛皮船不仅是他们的出行和谋生工作，也是他们的娱乐道具。借由牛皮船，村民们创造出了独特的牛皮船舞。

俊巴渔村的牛皮船舞，藏语叫作"郭孜"，是一种娱乐性的民间歌舞。"郭"藏语意为牛皮船，"孜"藏语意为舞蹈。牛皮船舞由边唱边跳的"阿热"和身背牛皮船并击船发出声响为节奏跳舞的船夫合作表演。

"阿热"藏语意为领舞者，跳牛皮船舞时，"阿热"手执被称为"塔塔"的五彩旗杆，唱着歌，跳着舞，另有五六个舞者看着"阿热"的动作，背着重约三四十公斤的牛皮船，用同样的动作跟着"阿热"跳舞。舞者举着双手把船扶住，一支船桨从船夫的腰背上穿过，与背上的木质滑轮撞击后发出"咚咚"的响声，展现出俊巴渔村村民与大自然顽强抗争的精神风貌。

"阿热"在领唱领跳前会说一段开场白："神牛光顾俊巴村，东山上面吃青草，西山脚下喝清泉，在草场上面打滚嬉戏，在牛圈里面练习角斗。"

而后身后的舞者在"阿热"的歌声中跳起舞，同时喊着"杂昂！杂昂！"的号子。

"阿热"边唱着《祝福歌》边从藏袍里取出哈达，边跳边放在沙地上，舞者们边跳边向前弯腰，用背着的牛皮船的左右上角从地上挑起哈达。

"阿热"唱的《祝福歌》的内容都是吉祥祝愿的话，比如："今天我们在此相会，但愿能经常相会。经常相见的人们，祝你们身体健康。"唱完后阿热领头祭拜天地并带领舞者们向观众行礼下场。整段牛皮船舞就此结束。

如今的俊巴渔村，已由过去的交通闭塞、鲜为人知变成现在旅游者趋之若鹜的胜地。当地的村民也已告别过去穷困劳累的生活，发展起了农业、手工业和旅游业。虽然村民们远离了捕鱼业，但所有与捕鱼相关的风俗都流传了下来。如今，牛皮船舞已成为每年旅游旺季以及节庆活动中的重头戏。

要说这跳牛皮船舞也是个力气活。背着三四十公斤的牛皮船跳舞想想都有些累人。牛皮船由四张牛皮做成，船身不是很大，一般能容纳两人，船头捕捞，船尾划船。

制作牛皮船时，要选用韧性较好的树木做骨架，把经过浸泡后较软的四张牛皮缝合在一起，而后包在木骨架上绷好，随即用牛皮做的绳子捆紧、晒干、擦油定型。完成后还要在牛皮缝合处擦抹大量的牛、羊油脂，这样做主要是起到密封和防止进水的作用。最后再配上一对木桨，牛皮船就完工了。

现在跳舞用的牛皮船虽有三四十公斤，但比起真正捕鱼用的牛皮船，无论是材质还是做工都简化了许多。问起牛皮船舞起源于何时，即便是俊巴村最年长的人都说不出个道道来。从历史上来看，吐蕃时期就有关于牛皮船的记载。其实不管牛皮船舞起源于何处，俊巴村民们的日子幸不幸福才是最重要的事。看着跳牛皮船舞的村民，无不露出灿烂笑容，你就知道生活的真相了。

● 慢游协荣，非同一般的原生态 ●

拉萨河下游、雅鲁藏布江中游北岸河谷地带，有个年日照时数近3000小时的县城——曲水县。"曲水"在藏语里的意思是"流水沟"，是一个半农半牧县，土特产品有苹果、核桃。如果吃腻了城里的满口油水，不妨来曲水品尝品尝当地的鲜活滋味。

当然，曲水县除了苹果、核桃这样的土特产，更有着悠久深厚的人文历史以及多项非物质文化遗产。协荣村的仲孜就是其中一项。

"仲"在藏语里意为野牛，"孜"是舞或玩耍之意。是一种集唱腔、道白、舞蹈于一体的艺术形式，2011年，协荣仲孜经曲水县政府申报，入选国家级非物质文化遗产名录。

从拉萨出发，沿着拉萨河顺流而下，从曲水县拉贡公路两桥一隧处向东一拐，便来到曲水县才纳乡协荣村。

协荣村因北有拉萨河阻隔，南有大山横亘，在西藏和平解放前就是个交通闭塞、经济落后、人民困苦的破落村子。改革开放以来，尤其是近年来，随着拉萨市委、市政府大力实施的公路"村村通"工程的竣工，这座古老的村庄得到了迅速发展。

刚来到村口，视线就被村公路两旁一望无际的金色麦田深深吸引。尤其是在晚霞的照耀下，越发光耀夺目，就像是在大地上撒满了金子。

走进协荣村一组文化室，从协荣仲孜第七代传承人桑珠老人的口中，人们听到了关于协荣仲孜起源的传说。相传五世达赖喇嘛洛桑嘉措，因故一直没能到拉萨哲蚌寺坐床，协荣的百姓认为是附近的五峰神山被大雪覆盖而导致无法通过，于是便派一位熟悉道路的向导，赶着公母两头牦牛去迎接五世达赖喇嘛到拉萨。

据说，协荣百姓派出去的那位向导是护法神"乃炯多吉扎拉"的化身，公牦牛则是护法神"当金曲杰"的化身，而母牦牛是护法神"吉祥天母"的化身。后来，这段迎接护送五世达赖喇嘛到拉萨的经历，就逐渐演变成了如今的牦牛舞。

与这个传说不同，另一个传说讲了这样一个故事。相传五世达赖喇嘛做了个梦，梦中他看见一头长有上下牙的神牛，它的一对犄角是世俗谛和胜义谛的标志；角尖上的火焰可以用来避免和消除各种灾祸；头上装饰的五色彩缎是大日如来、不动如来、宝生如来、无量光如来、不空成就如来五佛的标志；张开的嘴和圆睁的眼是彻底消除贪、嗔、痴三种烦恼的标志。

第二天，五世达赖喇嘛醒来后，将这个梦告诉给了近臣。久而久之，这

个梦传遍了整个拉萨，人们便按此梦塑造了神牛，并跳牦牛舞以示纪念。

桑珠老人在21岁那年正式跟随叔叔学习协荣仲孜。跳仲孜对他来说，是一件非常愉快喜悦的事情，每当他穿戴上跳仲孜的服装道具，就会感觉自身拥有一种不可描述的力量。

协荣仲孜与俊巴渔村的牛皮船舞一样，都有一个领舞者"阿热"，也会手持"塔塔"，所不同的是，协荣仲孜的"阿热"还需要戴上藏戏面具，从服装、道具和唱腔上来看，也更接近藏戏。两者间似有着某种紧密的联系。有待民俗专家的研究解答。

协荣仲孜着力展现牦牛的勇悍、坚韧和为人排忧解难的形象。随着铿锵有力、节拍明快的钹鼓声的响起，领舞的"阿热""六步一抬"地走进舞场，绕场一圈后在中心停住，然后富有节奏地说出一段道白："大地春光明媚，孔雀轻声婉转歌唱；天空出现五色彩虹，遍地百花开放……在这吉祥的日子里，按照古代传统习俗，来自协荣的两头雌雄野牛与我一起，祝福生活幸福吉祥……"

"阿热"边舞边说，两旁的野牦牛则欢畅地跳舞……整个舞蹈用拟人化的表现手法，塑造了西藏人民勤劳、勇敢和坚强不屈的性格，表现了他们助人为乐的精神。

和许许多多非遗一样，协荣仲孜也曾经历过一段年轻人不愿学，后继乏人的时光。而现在则大为不同了，村里不仅组建了舞蹈队，在大大小小的节庆活动中表演之外，政府还专门拨款，保护和传承协荣仲孜这一优秀传统艺术。

2013年，协荣村安排了20多个年轻人随桑珠老人学艺。这些年轻人利用抖音、微信，以及直播平台等新媒体手段，吸引了许多人对这项传统艺术的关注。桑珠老人对于协荣仲孜的传承也越来越有信心。

"我会用心去教年轻人跳舞，让他们学会跳原汁原味的仲孜舞，并起到带头示范作用，今后让村里更多的人学会跳仲孜舞。相信不久的将来，协荣仲孜一定会走出协荣村，走向更加广阔的舞台。"

2019年的雪顿节，协荣村的仲孜表演队又一次来到拉萨宗角禄康公园表演协荣仲孜，尽管表演时间不长，但其蕴含的喜庆、祝福、吉祥圆满的意义，使其成为必不可少的节目。

四百余年来，协荣仲孜始终保持着原始、古朴的遗风，作为藏族丰富文化遗产中的一朵奇葩，人们从中领略到了藏族的风采和藏族先人的精神寄托和审美追求。

协荣仲孜会一直传承下去，就像桑珠老人说他会一直跳下去一样。让我们记住老人的话：

"相信未来仲孜的知名度会越来越高，作为一种西藏非遗文化的独特标签，让我们对它的传承发展有更深的期待和憧憬。"

第四章
走进藏戏，就要结伴去欢愉

这是一场隔着面具的赤诚相见，千载的传奇在这里复活，勾动着原始的记忆。一阵感动和欢愉翻涌不能言语，成为心头永恒的瑰丽。

● 冰雪消融后，赴一场觉木隆之约 ●

甲热村坐落在堆龙德庆区乃琼镇一个山洼深处，距离拉萨市区近20公里，路况较好。一般的车进出都没问题，极大地方便了当地百姓的生活。

不过在很多年以前，甲热村通往外面的道路并不平坦顺畅。如果要用一个字来形容当时的境况，"河"字最为贴切。因为支离破碎的乡村野路上布满了水流与泥坑，别说发展经济，连出行都成了一大难题。

除了路难行，还有用水难。全村有人口1500多人，在西藏算是较大的一个村落。就是这样一个大村，却只有10来处自来水龙头。由于当时村集体经济落后，吃水的问题一直无法解决。

斗转星移，如今的甲热村不仅通上了宽阔的水泥路，自来水也通到了每家每户。且水质好，四季不断。整个甲热村也因为政府的帮扶和自身的发展，而变成了现代化的村庄。

如此巨大的变化，来自什么呢？

问起甲热村的村民，他们肯定会竖起大拇指，大赞党的政策好。

原来是青藏铁路工程二期横贯甲热村，征用了大量农田。失去土地的西藏同胞在政府的引导和支持下，发挥自身优势，利用国家发放的土地补偿款，纷纷转向服务行业。个人腰包鼓了，集体经济壮大了，也就有能力解决民生问题了。

还有一件事也需要大书特书，那就是村里的觉木隆藏戏团的商业化运作。

说到觉木隆藏戏团，还得从藏戏以及它与甲热村的渊源说起。

藏戏在藏语中称为"阿吉拉姆"，为"仙女姐妹"之意，因最早由七位姐妹一同表演而得名。藏戏的内容多为佛经中的神话故事。

藏戏演出由三部分组成，第一部分称为"顿"，主要是开场表演祭神歌舞；第二部分称为"雄"，主要表演正戏传奇；第三部分称为"扎西"，意为祝福迎祥。

西藏地域辽阔，因而西藏的藏戏体系庞大，拥有众多的艺术流派。以表演藏戏时所戴面具颜色来分，藏戏可分为白面具藏戏和蓝面具藏戏两种。蓝面具藏戏因地域不同又有四大流派之分，觉木隆藏戏是四大流派中艺术发展最为完备丰富、影响最大、流传也最广的一种。而甲热村正是觉木隆藏戏的正源。

由于觉木隆藏戏的特殊地位，觉木隆藏戏团在旧西藏，是当时官方公办的唯一专业性的剧团。但剧团里的演员，与其说在为艺术献身，不如说是在支差更为恰当，因为藏戏团里的演员都是由农奴组成，定期要给所谓的三大领主服徭役。他们没有工钱，除了参加雪顿节会演可以得到一些赏银和食物，其他时间要靠到西藏各地卖艺乞讨度日。

西藏和平解放后，觉木隆藏戏团这种由当地农民组成的业余艺术表演团体不仅没有消失，反而焕发出全新的生命力。但是在20世纪90年代初，随着商品经济的快速发展，西藏广大乡村的村民大量外出打工，从事民间艺术的人越来越少。一些以乡村为舞台的民间艺术团体纷纷解散，觉木隆藏戏团虽然没有解散，却也是勉强支撑。

2000年，琼达与卓玛承包了觉木隆藏戏团，一开始也是举步维艰。2002年，藏戏团迎来了第一个转机，这一年甲热村被西藏自治区人民政府命名为"藏戏民间艺术之乡"。2006年，又一个利好接踵而至。当年，觉木隆藏戏入选国家级非物质文化遗产保护项目。

借由这两次契机，觉木隆藏戏团的演出机会逐渐增多，收入也水涨船高。后来藏戏团获得了商人的投资，成立了公司，拥有了自己的排练场地，每年有300多场的演出，收入非常可观。

每到演出淡季，为了不影响演员收入，团长琼达还支持他们到朗玛厅、剧场和各类文艺演出场所表演民族舞蹈等节目。唯一的要求就是，不管外面的演出多忙，演员们都要坚持练功，不能丢掉藏戏的基本功。

青藏铁路工程二期彻底改变了甲热村的经济发展模式，原本与天斗、与地斗的农民过上了和城里人相差无几的幸福生活，而原本既是演员又是农民的觉木隆藏戏团成员，也彻底告别农民身份，全身心地投入藏戏演员这个职业中来，个人提升了收入，集体增加了收益。可以说，甲热村通过经济与文化双戏台的搭建，走进了欣欣向荣、幸福和谐的美好生活。

也许有人会感到奇怪，诞生于甲热村的藏戏团，为什么要叫觉木隆呢？这当然要归结于坐落在甲热村的觉木隆寺了。

觉木隆寺始建于1169年，论历史比众人皆知的拉萨三大寺都要早。觉木隆寺属于格鲁派寺庙，经过800多年的时光流逝，如今觉木隆寺只留下主殿和长寿殿两个大殿。

觉木隆寺最有特色的，称得上"镇馆之宝"的，除了有400多年历史的大威德金刚像以及三尊高达六七米的长寿佛，就要数主殿侧室里展示的那些形态各异的面具了。这些面具在每年冬夏时分会被用来"跳神"。从这一宗教仪式里似乎能找到些许觉木隆藏戏的影子。的确，觉木隆藏戏的最初缘起便是这座觉木隆寺庙。

走出觉木隆寺，来到一座面积不算小的院落。这处院落就是"堆龙德庆区觉木隆藏戏国家级非遗传承保护中心"，也是觉木隆藏戏团的排练场。有几个年轻的藏族姑娘正在里面排练，看着她们，仿佛就看到了觉木隆藏戏的未来。

● 宗角禄康走一遍，收获演出季 ●

2019年5月18日，白天多云。在棉花糖般厚大而又轻飘浮动的云彩下，一年一度的藏戏演出季在拉萨宗角禄康拉开帷幕。藏戏这一藏族传统文化"活化石"，又一次迎来了与普通百姓亲密接触的日子。这年的藏戏演出季从5月18日开始一直持续到7月底，每周六在宗角禄康公园进行全天公益性表演，演出共有10场。每场演出时长7个小时。

为了丰富老百姓的精神文化需求，也为了使藏戏艺术得到更好的传承，同时也是为了扶持各藏戏团体的发展，增加藏戏演员的收入，2018年，在西藏自治区文化厅、拉萨市人民政府主办下，拉萨市文化局承办了首次藏戏演出季的活动。

在这一年的藏戏演出季活动中，由拉萨各县（区）选调的优秀藏戏队为观众呈现了藏戏经典剧目，开展演出活动19场，参与演出的民间藏戏艺人达450多名。

在宗角禄康举行藏戏演出季，为人们呈现了藏戏经典，也给古城拉萨营造了一种浓郁诱人的文化氛围，成为广大游客在旅游景点之外看到的又一个"西藏文化名片"。

宗角禄康是拉萨一处著名的园林，位于布达拉宫的后面。在这样一个水清林幽，宛如世外桃源般的佳地举办藏戏演出季，再合适不过了。

藏戏演出季期间，宗角禄康每天都挤满了来看藏戏的人。人群中有外来的游客，有本地的藏族同胞，有翻山越岭而来的西藏其他地区的百姓。人们里三层、外三层地围着演出舞台，藏戏唱腔回旋往复，引得人们发出一阵又一阵的喝彩。

藏戏演出季举办了两年，越来越像是一个综合性的文化交流展示与休闲活动。因为在演出季期间，除了经典藏戏轮番登场，人们还会趁此机会三五

成群地享受各种美食、各种美酒，载歌载舞，处处洋溢着欢乐与翔腾。此外，现场还会有藏戏主题文创产品的售卖，以及印有藏戏元素的手机壳、玩偶、U盘、钥匙挂扣等出售。

且增赤列是拉萨岗日文化传播有限公司的创始人。四年前，他还是西藏自治区歌舞团的舞台美术设计师，出于对藏戏的热爱，他与三个朋友在政府的扶持下，开启了创业之路，创办了文化公司。其设计出来的面具、玩偶、手机壳、U盘等与藏戏相关的文创产品受到众多藏戏迷的青睐。

且增赤列最大的心愿就是将历史悠久的藏文化传播到世界各地。从西藏自治区第一届藏戏展演开始，且增赤列就与拉萨市文化局合作制作藏戏文创产品。他觉得让人们了解藏戏面具的寓意，是一件很有意义的事情。

拉萨市政府对于藏戏的保护和传承更是不遗余力。以藏戏演出季来说，当初举办这个活动的初衷，在于西藏每年集中性的藏戏演出多在雪顿节期间。由于时间有限，并不是每个藏戏演出团体都能够如愿地上台表演。而喜爱藏戏的人们也很少有机会听到藏戏的声音。

基于这种情况，经西藏自治区文化厅和拉萨市政府批准，拉萨市文化局将藏戏打造成了一个品牌，以丰富西藏旅游文化的内涵。这就是藏戏演出季的缘起。

藏戏演出季活动的开展，实实在在地为藏戏的传承、藏戏演出团体的发展、藏戏演员演出水平的提高带来了好处。2018年的藏戏演出季结束后，拉萨市有两支民间藏戏队得到恢复。到了2019年，拉萨市文化局从有限的经费中挪出一部分资金，给每支藏戏演出团体17000元的演出费。各藏戏演出团体的演员们受到鼓舞，为藏戏的传承发展贡献一生的热情更加高涨。

西藏的非遗保护工作理念是"见人见物见生活"，拉萨市政府将这一理念，通过藏戏演出季活动的举办，落实到了细处。让传统文化真正"活"了起来。

"一个国家、一个民族的强盛，总是以文化兴盛为支撑的，中华民族伟大复兴需要以中华文化发展繁荣为条件。"习近平总书记的殷殷嘱托言犹在耳。拉萨的藏戏演出季与时俱进，从展现传统藏族文化出发，在与普通百姓的亲密接触中，焕发了新的生命力。

时至傍晚，拉萨的天色渐渐转向昏暗，在宗角禄康公园回荡的藏戏声早已停息，舞台上空荡荡的，然而舞台四周仍有一些藏族百姓似乎还没有任何回家的念头。人们围坐在一起，享受着聚会的乐趣。随着青稞酒入口，祝福声入耳，人们不约而同地回味起藏戏的某个片段。

● 温暖的日子，罗布林卡看藏戏 ●

罗布林卡，意为"宝贝园林"，是一座典型的藏式风格园林，为历代达赖喇嘛的夏宫。

每年雪顿节期间，罗布林卡，这座位于拉萨市西郊、西藏人造园林中规模最大、风景最佳的、古迹最多的园林，毫不例外地会成为整个节日的活动中心之一。

雪顿节，按藏语解释就是吃酸奶的节日，因此又叫"酸奶节"。由于雪顿节期间有大规模的藏戏演出，因此有人也称之为"藏戏节"。

每年藏历7月1日到7日的7天里，拉萨乃至西藏各地有名的藏戏团体都会涌向罗布林卡，为广大的藏族同胞和远道而来的游客献上一出又一出经典的传统藏戏。

作为藏戏的忠实听众，藏族同胞来到罗布林卡听戏，可不是买点零食，随随便便找个空地就看。这对于藏戏，对于虔诚的自己，都是不尊重的行为。就在雪顿节开幕前夕，罗布林卡及周围的树林里，一夜之间会变出一座色彩鲜艳的"帐篷城市"。

"帐篷城市"由一个个五颜六色的帐篷组成，是来看藏戏的藏族同胞携老带小一起在罗布林卡搭建的一个临时的"家"。看藏戏期间，藏族同胞之间还会相互聚会交流，因此"帐篷城市"还形成了几条独特的、热闹的节日街市。从远处看着整个的"帐篷城市"，你一定会有种错觉，认为人们似乎把整个拉萨城都搬进了这座园林。

来罗布林卡看藏戏的拉萨人，将此视作最盛大的节庆活动之一，身穿鲜艳的传统民族盛装，与亲朋好友围坐在帐篷外的草地上，喝着从家里带来的青稞酒、酥油茶，吃着自己做的藏式点心，时而饮酒畅谈，时而跳舞唱歌。等藏戏开始后，人群会围成一个个圆圈，欣赏藏戏演员精彩的表演。

雪顿节期间，每天的上午11点到下午5点都有藏戏演出。此时藏戏开演了，人群开始喧闹起来，还没等你反应过来，本来就不多的空隙瞬间就被人挤满了。你四处张望，寻找落脚之地，就在你心中焦急之时，被一位藏族阿妈热情地招呼到身边，还拿出自己带的点心，说一定要品尝品尝。

　　在拉萨行走，热情的藏族同胞随处可见。这也是人们一而再、再而三来到这片高原的原因之一。旅行不是冷冰冰地观看，而是身体与情感的双重温暖。这样想着，你接过藏族阿妈拿过来的点心，慢慢塞进嘴里，看着藏族阿妈一边听着藏戏，一边手摇转经筒的虔诚模样，深深地被感动。

　　四周的藏族同胞津津有味地看着藏戏表演，跟着藏戏的情节时而欢笑，时而愤怒，时而呼喊。这种氛围感染了对藏戏不太了解的外来游客，大家随着藏族同胞的表情动作，也有了情绪上的起承转合。

　　有很多游客模样的人在照相。对于他们而言，藏戏太过神奇，如果不是来到西藏，来到拉萨，又怎能与这片土地上独一无二的传统文化相遇相知？这是旅行的意外之喜，更是情理之中的邂逅。

　　一阵欢呼声响起，思绪被打断。舞台中央正在上演八大传统藏戏中的《朗萨雯波》。《朗萨雯波》又名《朗萨姑娘》，故事取材于江孜发生的一件真事及一些民间传说。这是从身边一位会说普通话的藏族同胞口中得来的信息。台上的藏戏演员早在雪顿节前的一个月，就开始排练了，只为将最好的表演状态带给观众。

　　此时，周围的人越聚越多，似乎连呼吸都有些困难。有几个人像是突破了重围，喘着粗气挤到了前头。他们手中拿的不是手机，而是高档的照相机，看来越来越多的人关心起藏戏来了。通过他们的宣传，会让更多的人知晓藏戏、了解藏戏，让藏戏的未来更加光明璀璨。

后记 HOUJI

高原璀璨的文化如星辰闪耀

初到拉萨，褪去一身的风尘，你想在此得到什么？一场邂逅，一次欢喜，一份追忆，抑或是一件铭记？直到游遍拉萨，你才会知道，在这里，爱上一座城并不需要太多的理由，只需要放开怀抱，让全部的身心漫染其中。

当你伫立在布达拉宫的雄伟一隅，四处飘来的藏香让人沉醉，蓝天白云与红砖白墙映入眼底，目之所及的一切都幻化成了这座千年建筑的一张一弛。它仿佛是一个深藏着秘密的老人，高高在上却又慈祥庄严。

一幅幅定格时光的壁画，就是一场与历史风尘的邂逅。文成公主将韶华留在这里，这座因爱而起的宫殿，充斥着日光与爱的魅力。

抬首遥望药王山，千年的香火依旧在山头缭绕不息，那是"药王"的慈悲所成就出的最深沉的祝祷。无情岁月里的风霜雨雪，或许能够将古老的建筑吹倒，但是，拉萨的风，却总也吹不散鼻息间的阵阵药香。

站上大昭寺的金顶平台，近处是在阳光下闪着光辉的金色"法轮"和一对"卧鹿"，远处是布拉达宫和熙熙攘攘的人群。但是，仅此而已吗？眼前的地域总是有限的，心中的感动却能够延伸出无限的空间。

拉萨从不会让你漫无目的地游荡在车水马龙的街道上，这里也没有

大体相同的景点令你感到乏味。在拉萨，眼睛承担着东张西望的义务，心却能够让你感受到一座城市文化的内核。

你会沉浸其中，也会迷失其中。身躯的移动总会给人一种世界在你之外，又仿佛在你面前的奇妙感觉。如果你想要抓牢这份奇妙之感，就请接续迈出你的脚步。

拜过大小昭寺的两尊佛陀等身像，两位大唐公主的故事或许会让你感怀生命的厚重，那么，请唤上几位亲朋好友，踏上一场放松心灵的拉萨风俗之旅，在八廓街体味别样的藏式风情。

一条条洁白的哈达，一袋袋香浓的牦牛肉干，一幅幅有着绝世之美的唐卡，都在静候着你的到来。在熙来攘往的人潮中，你会发现，那一张张藏族姑娘热情淳朴的笑脸背后，蕴藏着的，是藏族人民坚定的信仰与对生活的热情追求。

而后，饮上一碗香醇的酥油茶，再走一程。

这一次，你最想与谁相遇？

是那位敢于变革、勇于开创新教派的大师——宗喀巴吗？是他，将拉萨三大寺中的宗教意志汇聚得更为紧密。那劈手辩经的震耳声响，不仅仅是佛菩萨们智慧的传承，更是破除旧习、开创未来的智慧和勇气。

是一位位辛勤慈祥的藏族阿妈吗？是她们，支起一个帐篷就创造出一片天地。她们让爱生生不息，一双双手臂，支撑起了一个民族的初起和心的归属。抑或，是一座座建筑、一尊尊佛像、一幅幅壁画、一场场庆典、一幕幕歌舞……过往云烟，如前尘追忆，而拉萨，却从未活在梦里让人触不可及。

这是属于拉萨的故事，千百年来，岁月静好，一切如故，只是如今，这则故事里多了一个你。

千年的风沙，遮掩不住拉萨城走过的万里迢迢，这一路上的荆棘与

坎坷，在历史的碰撞中激荡成为一座座民族文化的丰碑。经书与寺庙为高原祈福，鲜血与热忱为拉萨护航，歌舞与节庆为生活欢呼……

在拉萨，再敬一炷香吧，为了那心中的魂牵梦绕。于大小昭寺那千年的佛陀身下祷告，藏香缭绕，不杀生之水的传说依旧响亮。一位位苍老的智者摩挲着藏纸的芬芳，英灵从未停止散发对这片土地的热爱之光。

在拉萨，再献一条哈达吧。当祝福的歌声响起，讴歌那些仿佛复苏在这片土地上的血肉，一张张笑脸的虔诚与福报，一头头精灵般的牦牛生生不息的乳汁，那便是幸福之光。

在拉萨，再饮一杯青稞酒吧。决心一下，豪迈之间，就是生死离别。家国重担，在双忠祠碑上铭记，中华民族的热血男儿，捍卫着民族之光。

在拉萨，再转一次经轮吧，轻触的指尖让你的身体与岁月重叠，每一个祝福，都在转动中铭记，爱与本真的力量，就是一场灵魂之光。

白日将尽，明月升起，抬首望去，高原璀璨的文化星辰闪耀。

主要参考文献

[1] 王黎,刘虹.藏文大藏经的翻译传播与藏文文献目录学的发展[J].西藏大学学报：社会科学版,2014,2.

[2] 邵卉芳.非物质文化遗产视角下的西藏传统制陶技艺调查——以墨竹工卡县塔巴村为个案[J].西藏民族大学学报：哲学社会科学版,2019,3.

[3] 青措,拉姆.中国非物质文化遗产——塔尔寺酥油花[J].法音,2010,7.

[4] 孙开远.藏药学中的奇葩——略记拉萨北派医"水银洗炼法"[N].西藏日报,2017-02-21(12).

[5] 鹿丽娟.旺堆：丹青妙手绘"莲花"[N].西藏日报,2014,12.

[6] 黎阳.西藏纪行之十八——布宫之巅法王洞[N].河南法制报：豫北新闻版,2013-12-12（7）.

[7] 秦晓聪.首金诞生拉萨选手巴桑次仁获吉韧比赛冠军[N].拉萨日报,2018-07-15（4）.

[8] 高山.羌姆：传承千年的宗教神舞[N].西藏商报,2017（24）.

[9] 王珊.昔日圈养牛马地,今日"纳如谐钦"扬[N].西藏日报,2013-05-29（12）.

[10]韩海兰,王媛媛.八大传统藏戏加速推进数字化,解决基层藏戏队"学无标准、演无剧本"的实际困难[N].西藏商报,2016(7).

[11]谢筱纯.壶里乾坤大杯中日月长——感受藏式特色茶饮[N].西藏日报,2019-08-14(7).

[12]杨若飞,郭雨辉.夫妻同心其利断金——墨竹工卡县扎西岗村村民米玛夫妇脱贫记[N].拉萨日报,2019-05-23(1-2).

[13]刘梦婕.当雄县第三届虫草文化旅游节开幕[N].拉萨日报,2018-05-21(2).

[14]佚名.世上最全的布达拉宫壁画,美得令人心颤[EB/OL].搜狐网,2018-04-25[2019-08-09].http://www.sohu.com/a/228825865_508932.

[15]佚名.西藏传统文化的巨大工程——《中华大藏经·丹珠尔》对勘纪实[EB/OL].中国网,[2019-08-09].http://www.china.com.cn/ch-xizang/tibet/newbook/chinesehtml/dzjc.html.

[16]佚名.格萨尔王传[EB/OL].中华人民共和国国家民族事务委员会,2018-08-29[2019-08-09].http://www.seac.gov.cn/seac/mzwh/201808/1108059.shtml.

[17]佚名.桑结坚赞[EB/OL].西藏在线.2018-03-20[2019-08-09].http://www.tibetol.cn/html/2013/xuezhe_0617/1114.html.

[18]佚名.萨迦班智达·贡嘎坚赞与《萨迦格言》[EB/OL].中国藏族网通,2017-02-03[2019-08-11].https://www.tibet3.com/Culture/wycz/2017-02-03/42822.html.

[19]佚名.色拉寺:不容错过的辩经[EB/OL].中国西藏新闻网,2011-08-11[2019-08-11].http://blog.sina.com.cn/s/blog_57fceec90100u3ng.html.

[20]易文文.燃灯节前夕,纪念这位民族团结的先行者——大慈法王释迦益西[EB/OL].中国西藏网,2018-12-01[2019-08-11].http://www.tibet.cn/cn/rediscovery/201812/t20181203_6434896.html.

[21] 佚名.西藏燃灯节[EB/OL].布达拉宫,[2019-08-11].http://www.potala-palace.com/xizanglvyouzixun/5436.html.

[22] 佚名.拉萨甘丹寺迎来传统展佛节[EB/OL].中华人民共和国中央人民政府网,[2019-08-11].http://www.gov.cn/jrzg/2013-07/22/content_2452945.htm.

[23] 佚名.黄教最大寺院-哲蚌寺[EB/OL].北塔佛学宝藏网,[2019-08-12].http://www.beita.org/html/cangdixunli/cangdisimiao/zhebangsi/200811/15-1117.html.

[24] 熊丰,刘洪明.带你逛逛"雪顿节",一起看看最炫西藏民族风![EB/OL].新华网,2017-08-24[2019-08-13].http://www.xinhuanet.com/politics/2017-08/24/c_1121533016.htm.

[25] 佚名.西藏雪顿节[EB/OL].中国西藏旅游网,[2019-08-13].https://www.tibetcn.com/xuedunjie.htm.

[26] 李键,王学涛.《文成公主》:千年故事的千场演出![EB/OL].新华网,2019-04-22[2019-08-16].http://www.xinhuanet.com/politics/2019-04/22/c_1124400462.htm.

[27] 祝勇.文成公主去了西藏后到底发生了什么?[EB/OL].凤凰网读书频道,2017-07-10[2019-08-16].http://book.ifeng.com/a/20170710/78466_0.shtml.

[28] 佚名.大昭寺[EB/OL].中国西藏旅游网,[2019-08-16].https://www.tibetcn.com/dazhaosi.htm.

[29] 曾晓东,德庆白珍.历世达赖、班禅敬献中央政府礼品今起西藏博物馆展出[EB/OL].央广网,[2019-08-16].http://news.cnr.cn/native/city/201408/t20140811_516186028.shtml.

[30] 丹增.第五世达赖喇嘛觐见清帝趣闻[EB/OL].西藏在线网,2013-05-10[2019-08-16].http://www.tibetol.cn/html/2013/zdws_0510/1430.html.

[31]佚名.1653年——清廷册封五世达赖喇嘛,颁赐金册金印,由此成为定制[EB/OL].中国西藏网,2015-12-04[2019-08-17].http://www.tibet.cn/special/2015/i/c/1449195069961.shtml.

[32]佚名.西有寂圆满大殿:布达拉宫里最大的殿堂,五世达赖的享堂[EB/OL].搜狐网,2018-06-26[2019-08-17].http://www.sohu.com/a/237797482_100160517.

[33]普智.罗布林卡内的西藏历史壁画[EB/OL].中国西藏网,2018-01-23[2019-08-17].http://www.tibet.cn/cn/rediscovery/201801/t20180123_5391449.html.

[34]佚名.佛陀亲自塑建加持的佛像,当世仅存三尊[EB/OL].大公网佛教频道,2015-03-04[2019-08-18].http://bodhi.takungpao.com/ptls/wenhua/2015-03/2933835.html.

[35]佚名.千古传奇:佛陀十二岁等身像——觉沃佛[EB/OL].中国唐卡网,[2019-08-18].http://www.cntangka.com/article.php?id=1487.

[36]赵汗青.见证汉藏一家的"甥舅会盟碑"[EB/OL].搜狐网,2019-01-23[2019-08-19].http://www.sohu.com/a/290895052_100153392.

[37]佚名.李克强:希望各民族大团结就像唐蕃会盟碑一样,屹立千年坚如磐石[EB/OL].中华人民共和国中央人民政府网,2018-07-27[2019-08-19].http://www.gov.cn/guowuyuan/2018/07/27/content_5309696.htm.

[38]多吉占堆,薛文献,白少波.藏族天文历算的奥秘[EB/OL].中国西藏之声网,2017-02-12[2019-08-21].http://www.vtibet.com/tbch/2010_8579/2016qglh_8680/lhxc_7759/201703/t20170306_517259.html.

[39]佚名.春牛图的由来[EB/OL].人民网,2014-07-16[2019-08-21].http://theory.people.com.cn/n/2014/0716/c386826-25289133.html.

[40]佚名.新的《春牛图》看懂了吗?带你一探西藏古老的天文历算[EB/OL].环球网,2017-02-13[2019-08-22].https://china.huanqiu.com/article/9CaKrnK0szY.

[41] 孙翔.西藏"药王故里"宇妥沟打响人文旅游品牌[EB/OL].中国新闻网,2017-08-26[2019-08-22].http://www.chinanews.com/life/2017/08-26/8314710.shtml.

[42] 佚名.第悉·桑结嘉措[EB/OL].西藏在线网,[2019-08-22].http://www.tibetol.cn/html/2014/csz_0827/1372.html.

[43] 佚名.药王山千佛崖,这里满山都是摩崖佛像[EB/OL].搜狐网旅游频道,2016-09-27[2019-08-26].http://travel.sohu.com/20160927/n469298527.shtml.

[44] 佚名.洛桑多吉:藏药七十味珍珠丸配伍技艺传承人[EB/OL].中国藏族网通,2018-07-13[2019-08-26].http://m.tibet3.com/lvyou/zyzy/2018-07-13/83160.html.

[45] 郑金花.神秘的藏药:金银宝石都能入药[EB/OL].中国西藏网,2018-11-23[2019-08-28].http://www.tibet.cn/cn/news/yc/201811/t20181123_6413249.html.

[46] 佚名.源古承新,甘露众生[EB/OL].甘露藏药,[2019-08-28].http://www.glzy.cn/.

[47] 佚名.藏文创造者——吞弥·桑布扎[EB/OL].央视网,[2019-08-28].http://www.cctv.com/specials/xz/wenhua/tunmi.sangbuzha%20the%20founder%20of%20tibet%20character.htm.

[48] 廖云路.西藏传统藏陶制作工艺:重焕生机还需主动求变[EB/OL].中国西藏新闻网,2016-06-08[2019-09-02].http://www.tibet.cn/culture/handicraft/1465368556197.shtml.

[49] 佚名.唐卡画师次旦朗杰和唐卡[EB/OL].国际在线文化频道,2006-02-22[2019-09-04].http://news.cri.cn/gb/9223/2006/02/22/109@912429.htm.

[50] 德庆卓嘎.异彩纷呈的藏纸[EB/OL].中国西藏网,2018-01-25[2019-09-04].http://www.tibet.cn/cn/rediscovery/201801/t20180125_5398507.html.

[51] 敬鲜."要守好,还要更好传承下去"[EB/OL].人民网,2018-

07-31［2019-09-06］.http: //society.people.com.cn/GB/n1/2018/0731/c1008-30180787.html.

［52］张京品.藏纸传奇的坚守者次仁多杰：用手艺传承记忆［EB/OL］.新华网，2018-06-18［2019-09-06］.http: //www.xinhuanet.com/local/2018/06/18/c_1123000065.htm.

［53］行走世界.打个酥油茶，拉萨人一天茶生活开始了［EB/OL］.简书网，2016-01-28［2019-09-08］.https: //www.jianshu.com/p/65baa44f3652.

［54］孙健.青稞：传说中的神赐之物如今看它七十二变［EB/OL］.中国西藏网，2018-06-21［2019-09-08］.http: //www.tibet.cn/cn/news/yc/201806/t20180621_5978247.html.

［55］李穷，格尔丹.牦牛对于青藏高原的藏族人有多重要，一般人根本想不到［EB/OL］.新浪网，2018-01-02［2019-09-10］.http: //k.sina.com.cn/article_5901595171_15fc33223001002d80.html.

［56］佚名.藏族服饰文化的结构［EB/OL］.中国西藏新闻网，2011-04-29［2019-09-15］.http: //www.tibet.cn/zxyj/zxqk/201104/t20110429_1016868.htm.

［57］佚名.浅谈藏族服饰的服装特点［EB/OL］.中国西藏网，2015-11-10［2019-09-15］.http: //www.tibet.cn/cn/news/zx/tnull_5266617.html.

［58］佚名.林卡节在哪里？［EB/OL］.中国西藏旅游网，［2019-09-15］.https: //www.tibetcn.com/wenda/10778.html.

［59］佚名.林卡节［EB/OL］.中国西藏旅游网，［2019-09-15］.https: //www.tibetcn.com/festival/20090527854.html.

［60］祁平录.2017年相约纳木湖畔，寻觅虫草之旅［EB/OL］.搜狐网旅游频道，2017-05-03［2019-09-15］.https: //m.sohu.com/n/491572216/?wscrid=95360_4.

［61］佚名.酥油花灯节［EB/OL］.布达拉宫网，［2019-09-21］.http: //www.potala-palace.com/xizanglvyouzixun/5434.html.

［62］朱羿.历代中央政府对藏始终坚持管藏稳藏兴藏［EB/OL］.中国社会科学网，2014-02-20［2019-09-21］.http: //www.cssn.cn/next/201403/

t20140304_1011283.shtml.

[63] 孙健.金瓶掣签制度形成的历史背景（下）[EB/OL].中国西藏网，2019-02-22［2019-09-25］.http: //www.tibet.cn/cn/culture/zx/201902/t20190222_6509343.html.

[64] 佚名.金瓶掣签制度的由来[EB/OL].中国统一战线新闻网，2014-05-08［2019-09-25］.http: //tyzx.people.cn/n/2014/0508/c372202-24992234.html.

[65] 佚名.西藏旅游风俗——赛马节[EB/OL].搜狐网,2018-07-24［2019-09-27］.http: //www.sohu.com/a/243105462_670755.

[66] 佚名.策马奔腾西藏当雄赛马节"开跑"[EB/OL].中国新闻网，2019-08-08［2019-10-09］.http: //baijiahao.baidu.com/s?id=1641307518955708468&wfr=spider&for=pc.

[67] 王文捷.看！这些有趣的竞赛项目—押加："藏式拔河"[EB/OL].中原网，2019-09-01［2019-10-11］.http: //baijiahao.baidu.com/s?id=1643485138266998046&wfr=spider&for=pc.

[68] 佚名.西藏：罗布林卡看藏戏[EB/OL].新华网，2017-05-03［2019-10-15］.http: //www.xinhuanet.com//culture/2017-05-03/c_1120901289.htm.

[69] 白玛玉珍.藏族头饰文化[EB/OL].中国发展门户网，2009-05-13［2019-09-12］.http://cn.chinagate.cn/aboutchina/xzfs09/2009-05-13/content_17769523_2.htm.

[70] 李海霞.春播来临,天文历算专家解读《西藏天文气象历书》[N/OL].中国西藏新闻网－西藏商报，2019-03-13［2019-08-21］.http://www.xzxw.com/lyrw/201903/t20190313_2546434.html.

[71] 吴雨初.藏族驯养了牦牛 牦牛养育了藏族[N/OL].新华每日电讯，2016-12-16(9)［2019-09-12］.http://www.xinhuanet.com/mrdx/2016/12/16/c_135909345.htm.